C.H.BECK ■ **WISSEN**

in der Beck'schen Reihe

Seit dem Mittelalter kursieren Erzählungen über Robin Hood und sie haben sich bis in die heutige Populärkultur fortgesetzt. Zahlreiche Kinofilme zeigen seine Taten immer wieder in neuem Licht. Doch gab es ihn, den «wahren», den «historischen» Robin Hood? Andrew James Johnston begibt sich auf die Spuren dieses Helden, dessen Bild die Zeiten überdauerte. Dabei stellt sich heraus, dass die Figur des Robin Hood, des Rächers der Armen und Entrechteten, eher einer Sehnsucht entsprang als tatsächlichen historischen Ereignissen. Seine Popularität speiste sich nicht zuletzt aus dem Wunsch, einer ungerechten, mit Zwängen behafteten Gesellschaft zu entfliehen. Daran hat sich bis heute nichts geändert.

Andrew James Johnston ist Professor für Englische Philologie an der Freien Universität Berlin.

Andrew James Johnston

ROBIN HOOD

Geschichte einer Legende

Verlag C. H. Beck

Originalausgabe
© Verlag C. H. Beck oHG, München 2013
Gesamtherstellung: Druckerei C. H.Beck, Nördlingen
Umschlagabbildung: Robin Hood, Holzschnitt, um 1600,
spätere Kolorierung © akg-images
Printed in Germany
ISBN 978 3 406 64541 9

www.beck.de

Inhalt

Schlussbemerkung

Einleitung

Robin Hood gehört heute zu den weltweit bekanntesten Figuren des europäischen Mittelalters. Allenfalls König Artus kann ihm in puncto Popularität das Wasser reichen. Die glamourösesten Schauspieler ihrer Zeit haben Robin auf der Leinwand dargestellt: von Douglas Fairbanks und Errol Flynn über Sean Connery bis hin zu Kevin Costner und Russell Crowe. Es besteht kein Zweifel: Robin Hood bewegt sich im Zentrum der kommerziellen Populärkultur. Zugleich steht sein Name für unterschiedliche Formen gesellschaftlichen und politischen Widerstands. Nicht zufällig nennt sich eine global aktive Umweltschutzorganisation «Robin Wood». Sie spielt damit zum einen auf die Tradition des angeblich wohltätigen Rebellen an und zum anderen darauf, dass Robin Hood als Figur des Waldes eine spezifische Nähe zur Natur verkörpert. Beide Spuren, die des Widerstands und die des grünen Waldes, führen direkt ins Mittelalter zurück und machen den Kern der Legende aus.

Dass Robin Hood bis in die Gegenwart überdauern und zu einer so wirkmächtigen Gestalt der Populärkultur werden konnte, ist keineswegs selbstverständlich. Das kulturelle Fortleben des König Artus erscheint im Vergleich viel erklärlicher. Der legendenumwobene keltische Herrscher aus der Völkerwanderungszeit ist in der lateinischen, französischen, deutschen und englischen Literatur und Geschichtsschreibung über einen langen Zeitraum hinweg lebendig geblieben und hielt sich bis ins 19. Jahrhundert als eine Figur der Hochkultur; dank Richard Wagner wurde seine Welt auf der Opernbühne dargestellt. Demgegenüber nehmen sich Robin Hoods Voraussetzungen für kulturelle Langlebigkeit geradezu bescheiden aus: Er ist dem Ursprung nach eine gänzlich volkstümliche Figur, die in der Hochkultur des Mittelalters nicht vorkommt und deren Wir-

kung bis ins 20. Jahrhundert fast ausschließlich auf die englischsprachige Welt beschränkt blieb.

Robin ist auch deswegen noch heute so vielfältig präsent,
weil die USA und – in geringerem Maße – Großbritannien die
globale Populärkultur unserer Zeit maßgeblich beeinflussen.
Hollywoods bewegte Bilder prägen unsere Vorstellung vom
Mittelalter wie kaum ein anderes Medium, und der US-amerikanische Film greift vorzugsweise auf den britischen Traditions-
bestand des Mittelalters zurück. Dies erklärt aber noch lange
nicht, warum sich gerade Robin Hood zu uns herübergerettet
hat und nicht andere Gesetzlose und Rebellen wie etwa Fulk
FitzWarin und Eustace der Mönch oder kriegerische Heldenfiguren wie der Schwarze Prinz. Immerhin hat Mel Gibson in
seinem Film *Braveheart* (1995) versucht, mit William Wallace
einem schottischen Freiheitshelden des Mittelalters zu Popularität zu verhelfen. Aber zu einer internationalen Wallace-Renais-
sance ist es deshalb nicht gekommen. Wallace taugt gerade einmal als typische Befreierfigur und könnte genauso gut durch
jeden anderen Helden ersetzt werden. Er fällt in ein klassisch
US-amerikanisches Schema keltischer – also schottischer und
irischer – Heldenfiguren, die sich gegen die englische Herrschaft
auflehnen und damit als Vorläufer des amerikanischen Staats-
gründungsmythos fungieren können: Liam Neeson hat als *Rob
Roy* (1995) und als *Michael Collins* (1996) ähnliche Figuren
verkörpert. Doch bleiben diese Gestalten austauschbar, sogar
über die Jahrhunderte hinweg. Ganz anders verhält es sich mit
Robin Hood, der sich mit seinen spezifischen Attributen – grüne
Kleidung und Pfeil und Bogen – sogar als Lego- oder Playmobil-
figur wiederfindet.

Vor diesem Hintergrund drängen sich zwei zusammenhängende Fragen auf, die dieses Buch beantworten will: Wo kommt
dieser Robin her, und wie war es möglich, dass er sich bis heute
halten konnte? Dazu muss man tief ins Mittelalter zurückgehen,
zu den Ursprüngen der Robin-Hood-Legende und den vielen
Formen, in denen der Gesetzlose uns schon in den frühesten
Quellen entgegentritt. Dabei stellt sich heraus, dass Robin für
Historiker und Literaturwissenschaftler bis heute genauso

schwer greifbar bleibt, wie er es angeblich schon für den Sheriff von Nottingham war. Dies gilt nicht nur für die Frage nach dem ‹echten›, realhistorischen Robin, sondern auch für die Bedeutung der Figur in Legende und Literatur. So erweist sich die Robin-Hood-Legende als ideologisch vielgestaltig, ja widersprüchlich. Sie begegnet uns in unterschiedlichen Formen – als volkstümliches Schauspiel, als Ballade oder gar als Sprichwort –, die jeweils unterschiedliche Kontexte aufrufen und Bedeutungen zulassen. Von Anfang an beobachten wir ein ständiges Tauziehen um den politischen, kulturellen und sozialen Sinn des Mythos ‹Robin Hood›, das bis auf den heutigen Tag anhält. Und von Anfang an tritt uns der Gesetzlose weniger als historische Figur, sondern vielmehr als literarische Gestalt entgegen, was noch einmal ganz eigene Schwierigkeiten für die Deutung Robins mit sich bringt. In dieser Unübersichtlichkeit überdauert jedoch eine ganze Reihe von Aspekten – der Wald, der Bogen, die Gesetzlosigkeit, das Verhältnis zum König oder zur Natur –, die immer wieder auftauchen und Anlass für Neuinterpretationen bieten, auch wenn oder vielleicht gerade weil sie durchaus nicht miteinander harmonieren.

Robin bleibt ein Rätsel. Zwar hat die Robin-Hood-Forschung gerade in den letzten dreißig Jahren ungeheure Fortschritte gemacht, viel Wissenswertes über die Figur des legendären Gesetzlosen zutage gefördert und zahlreiche interessante Deutungen entwickelt, doch hat dies Robins Rätselhaftigkeit eher noch gesteigert. Dieses Buch hat nicht das Ziel, einfache Lösungen zu präsentieren – denn die gibt es nicht. Vielmehr will es einige besonders wichtige Probleme der Robin-Hood-Forschung für Nichtfachleute nachvollziehbar machen. Denn es sind gerade die vielen ungeklärten Fragen, die die Robin-Hood-Figur so interessant machen.

Nicht alle Facetten der Robin-Hood-Legende können hier gleichermaßen breit und intensiv geschildert werden. Deshalb nehme ich Gewichtungen vor: Ein besonderer Schwerpunkt liegt im Mittelalter, bei den Ursprüngen und frühen Formen der Legende und dem in ihnen angelegten Entwicklungspotenzial. Ein kleinerer, aber wichtiger Schwerpunkt wird auf der Weiterentwicklung Robins im 16. Jahrhundert liegen. In dieser Periode nimmt die Legende wesentliche neue Aspekte auf. Die Zeit vom 17. bis zum 19. Jahrhundert wird stark gerafft dargestellt, denn hier werden eher die Gewichte zwischen den schon bestehenden Elementen verschoben, und es wird nur ein wichtiges neues hinzugefügt: der angebliche Konflikt zwischen Angelsachsen und Normannen, der im frühen 19. Jahrhundert in die Legende eindringt. Der letzte Schwerpunkt gilt den Filmen des 20. und 21. Jahrhunderts, die unser heutiges Bild von Robin am meisten geprägt haben. Leitend bei der Analyse ist immer die Frage: Welche politischen Bedeutungen stecken hinter den jeweiligen Phänomenen und Veränderungen? Denn Robin war immer in viel direkterer Hinsicht als beispielsweise Artus eine politische Figur – aber eben auch eine widersprüchliche.

I. Die Suche nach dem ‹echten› Robin

Studenten ebenso wie interessierte Laien stellen in Bezug auf Robin Hood meist zuerst die Frage, wer er eigentlich war. Sie setzt die zwiespältige Annahme voraus, dass hinter der Legende eine fassbare realhistorische Person stehen müsse. Aber muss eine Legende überhaupt einen sogenannten ‹wahren Kern› haben, wie viele von uns es noch in der Schule gelernt haben? Stephen Knight, der wichtigste lebende Robin-Hood-Experte, verneint das entschieden. Für ihn ist Robin ein bloßer Mythos. Es besteht keinerlei Grund zu der Annahme, dass es wirklich einen identifizierbaren Menschen gegeben haben muss oder gar gegeben hat, der so etwas wie den Ursprung der Legende darstellt: eine Art historisches Original, auf das sich die Grundelemente der Robin-Hood-Legende irgendwie zurückführen ließen.

Tatsächlich gibt es alle möglichen legendären Figuren oder Geschichten, die keinen klar zu benennenden realhistorischen Ursprung haben, wie etwa die Päpstin Johanna. Umgekehrt kommt es sogar vor, dass völlig fiktive Figuren so legendär werden, dass sie für realhistorische Wesen gehalten werden. Bestes Beispiel ist Sherlock Holmes, der von Sir Arthur Conan Doyle frei erfundene Held zahlreicher Detektivgeschichten. Noch heute treffen in seiner angeblichen Adresse 221B Baker Street Briefe von Hilfesuchenden und Bewunderern ein. Offenbar erfüllt Sherlock Holmes bestimmte Sehnsüchte so perfekt, dass er gar nicht mehr als Fiktion wahrgenommen wird. Grundsätzlich bedarf es also keines realhistorischen Kerns, damit eine Legende das Publikum in ihren Bann schlagen kann.

Trotzdem steht natürlich die Frage im Raum, ob Robin Hood nicht vielleicht doch gelebt hat und historische Spuren von ihm erhalten sind, die aus der Welt der Legende in die der realen historischen Fakten hinüberführen. Schließlich wird die Öffentlichkeit immer wieder mit angeblich neuen ‹Erkenntnissen› zu

Robin Hood konfrontiert, vorzugsweise von eher unseriösen Medien im Sommerloch. Aber auch ernsthafte Historiker haben wiederholt versucht, Beweise für Robins reale Existenz zu liefern. Allerdings sind sie damit allesamt gescheitert. Der wichtigste Robin-Hood-Forscher, der versucht hat, den ‹echten› Robin aus vermeintlichen historischen Indizien herauszupräparieren, war Sir James Holt. Er kam schließlich zu dem Ergebnis, dass es aller Wahrscheinlichkeit nach mehrere Robin Hoods gegeben habe. Damit gesteht Holt eigentlich ein, dass der ‹eine› Robin nie existiert hat. Lässt man die Beweislage jedoch kurz Revue passieren, kann selbst Holts These von den mehreren ‹echten› Robin Hoods nicht mehr überzeugen.

Im Zentrum aller Versuche, Robin Hood als historische Person aufzuspüren, steht aus naheliegenden Gründen immer sein Name, denn er gaukelt uns vor, dass es sich hier um einen echten Menschen handelt. Auf den ersten Blick wirkt ‹Robin Hood› tatsächlich wie ein normaler englischer Personenname, der typischerweise aus mindestens einem Vornamen, ‹Robin›, und mindestens einem Nachnamen, nämlich ‹Hood›, besteht. Aber da fangen die Probleme schon an: Nachnamen entwickelten sich in England im Mittelalter nur langsam. Sie entstanden ab dem 12. Jahrhundert, doch wurden sie nur für Personen mit hohem sozialen Status gebraucht. In der Zeit, in der die Historiker den ‹echten› Robin Hood vorzugsweise vermuteten, im 13. Jahrhundert, gab es diese Art der Benennung für Menschen einfacher Herkunft noch nicht oder kaum. Daher ist ‹Hood› eher ein Beiname als ein Nachname im modernen Sinne. Und er ist durchaus kein sehr exklusiver Beiname, denn er leitet sich von einem alltäglichen Kleidungsstück ab, von der Kapuze, die von allen Schichten und daher eben auch von einfachen Leuten getragen wurde.

Und ‹Robin›? Dieser Vorname war in England nach der Normannischen Eroberung 1066 bald sehr weit verbreitet. Er kam mit den Normannen aus Frankreich und stellte zu jener Zeit einen Herkunfts- oder Zugehörigkeitsnamen dar. ‹Robin› benennt männliche Personen, die von einem Robert abstammen. Zusammen mit Verkleinerungsformen von Robert in verschie-

denen Varianten (‹Robbe›, ‹Hobbe›) scheint ‹Robin› sogar häufiger vorgekommen zu sein als der volle Vorname ‹Robert›. Gemeinsam mit Henry, Richard, William sowie John und Edward
bildet Robert einen der populärsten englischen Personennamen
im Mittelalter. Wie weit der Name ‹Robert› im englischen Mittelalter verbreitet war, kann man daran erkennen, dass viele der
noch heute in England geläufigen Nachnamen von ihm abgelei-
tet sind: Roberts, Robertson, Robb, Robbs, Robbins, Dobbins,
Robson, Dobson, Hobson, Jobson, Hobbes, Hopkins sowie
Robards, um nur einige der bekanntesten zu nennen.

Daher überrascht es nicht, dass in juristischen oder anderen
Quellen des 13. Jahrhunderts gleich mehrere Personen auftauchen, die als ‹Robin Hood› bezeichnet werden. Doch ist es schon
aus namenkundlichen Gründen unmöglich, auf dieser Basis eine
Person eindeutig zu identifizieren. Dies gilt selbst dann, wenn
die betreffenden Männer mit irgendwelchen Verbrechen in Verbindung gebracht oder von der Obrigkeit verfolgt wurden.

Über diese in Urkunden auftauchenden Menschen ist nämlich
fast nichts bekannt. Nur wer unbedingt davon ausgehen will,
dass es Robin Hood wirklich gegeben haben *muss*, wird diese
Namen für aussagekräftig halten. Aber selbst wenn man bereit
ist, sich auf diese Namen einzulassen, kommt man dem ‹echten›
Robin Hood nicht näher. Der Grund liegt darin, dass es erstens
mehrere gab und zweitens nicht hinreichend genaue Informationen vorliegen, um diese Namen zweifelsfrei einem einzigen historischen Individuum zuordnen zu können. Auch wenn ein Ge-
setzesbrecher aus dem 13. Jahrhundert mit dem Namen ‹Robin
Hood› überliefert ist, fehlen schlicht die Belege, dass es sich dabei genau um *den* Robin Hood handelt. Nimmt man aber von
vornherein an, dass eine Legende ohnehin keinen realhistorischen oder gar biographischen Ursprung braucht, dann besteht
auch kein Grund, einen Zusammenhang zwischen diesen Zu-
fallsfunden und dem legendären Gesetzlosen zu konstruieren.

Für den ‹echten› Robin Hood sind folgende dokumentarisch
erfasste Kandidaten immer wieder herangezogen worden:

1. Robert Hood, belegt in den Jahren 1213–1216, ein zum Tode verurteilter Dienstbote des Abtes von Cirencester.
2. Robert of Wetherby, ein Gesetzloser aus Yorkshire, der im Jahre 1225 gehenkt wurde.
3. Ein ebenfalls aus Yorkshire stammender Gesetzloser namens Robert Hood, der auch als ‹Hobbehod› auftaucht und zwischen 1228 und 1232 in Erscheinung trat.
4. William le Fevere aus Berkshire – das heißt ‹William der Schmied› –, der laut einer Quelle 1261 mit den Behörden in Konflikt geriet und ein Jahr später in einer anderen Quelle als ‹William Robehood› bezeichnet wurde.
5. Schließlich ein Mann, der im Jahre 1354 wegen Gesetzesverstößen im Wald von Rockingham vor Gericht kam und sich selbst ‹Robin Hood› nannte.

Dies sind zwar durchaus nicht die einzigen Männer, die in den Quellen als ‹Robin Hood› oder unter einem vergleichbaren Namen in Erscheinung traten, aber sie sind alle in der einen oder anderen Weise straffällig geworden. Manche der Historiker, die versucht haben, den realhistorischen Robin Hood auf der Basis dieser Datenlage dingfest zu machen, gehen davon aus, dass es sich bei 2. und 3. um dieselbe Person gehandelt haben muss. In allen genannten Fällen ist die Faktenlage zu dünn und sind die Quellen nicht aussagekräftig genug: Wir wissen über diese Männer nur das, was in der Liste erwähnt ist. Warum nun gerade sie den Ursprung einer Legende darstellen sollten, lässt sich nicht erklären. Letztlich kann es aber nicht darum gehen, in den Quellen einen Übeltäter aufzuspüren, der zufällig ‹Robin Hood› genannt wird, sondern es müsste jemand gefunden werden, dessen Wirken und Umfeld ihn glaubwürdig zum Ursprung der Legende machen könnten. Und schließlich stimmen nur die unter 2. und 3. genannten Figuren im Ansatz mit dem überein, was uns die frühe Legende über Robin Hood sagt; denn diese beiden Männer sind in Yorkshire belegt, was geographisch zumindest *einem* Zweig der Robin-Hood-Legende entspricht. Der letzte in der Liste taucht eigentlich zu spät auf. Denn aus der zweiten Hälfte des 14. Jahrhunderts stammen bereits die ersten Hinweise darauf, dass sich die Robin-Hood-Figur zur literarisierten und sprichwörtlich gewordenen Legende entwickelt hat. Ein echter Robin Hood kann hier sinnvollerweise gar nicht mehr existiert haben, denn er wäre in der peinlichen Lage gewesen, seiner eigenen Legende hinterherlaufen zu müssen.

Eine dieser fünf Figuren bleibt für das Problem des ‹echten› Robin Hood allerdings interessant: der aus Berkshire stammende William Le Fevere (Nr. 4), der 1261 und im Jahr darauf eines Vergehens wegen aktenkundig wurde. Denn hier taucht ein eigenartiger Befund auf: Von den zwei Quellen, in denen William erscheint, nennt die erste zur genaueren Identifikation seine Berufsbezeichnung. Er ist Schmied. Im England jener Zeit wird es mehrere zehntausend andere Männer gegeben haben, die diesen Beruf ausübten und genauso hießen wie er bzw. die man in dieser Form in Urkunden genannt hätte, wenn es denn nötig geworden wäre. Der Beruf des Schmieds gehörte zu den wichtigsten sowohl auf dem Dorf als auch in der Stadt, und der Name William war, wie wir gesehen haben, einer der am weitesten verbreiteten Namen Englands. Besonders fällt hier auf, dass ein Mann als Kandidat für Robin Hood in Frage kommt, der nicht einmal Robert, geschweige denn Robin gerufen wird. Erst später, in der zweiten Quelle, wird er ‹William Robehod› genannt, also nachdem er die Behörden schon ein zweites Mal beschäftigt hatte. Es sieht also ganz so aus, als habe man ihm ‹Robehod› erst in dem Moment als Beinamen verliehen, als er intensiver mit dem Gesetz in Konflikt geriet.

Brisant wird diese Beobachtung, wenn man bedenkt, dass der Name ‹Robehod› im letzten Drittel des 13. Jahrhunderts als Nach- oder besser als Beiname für viele Personen auftaucht. Zwischen 1265 und 1322 tragen mindestens zehn Personen diesen Beinamen, von denen einige zwar als Kriminelle auffielen, andere allerdings nicht. Ferner ist dieser Name in Quellen aus dem ganzen Land belegt: von Lancashire im Nordwesten bis Kent im äußersten Südosten des Königreiches. Ironischerweise stammt allerdings kein Beleg aus den Gegenden, die normalerweise mit Robin Hood in Verbindung gebracht werden: Yorkshire und Nottinghamshire.

Diese Beweislage hat den Historiker R. B. Dobson zu einer faszinierenden These inspiriert. Namenkundlich gesehen, ist die Kombination aus ‹Robin› und ‹Hood› als in einem Wort geschriebener Beiname ‹Robinhood› (oder ‹Robbehod›/‹Hobbehod›) durchaus nachvollziehbar. Aus dieser Perspektive betrachtet, stellt dieser Beiname ohne Lücke zwischen den Einzelteilen ein einziges Wort dar, das so in den Quellen auch vorkommt. Da mittelalterliche Texte in Sachen Schreibung und Zeichensetzung weit weniger konsistent sind als heutige, muss ein Einzelfall nicht viel bedeuten. Erst die hier zu beobachtende Häufung ist signifikant. Die überlieferten Formen ‹Robinhood› oder ‹Robehood› in all ihren Schreibvarianten lassen vermuten, dass dieser Name in seiner Gesamtheit eine spezifische Bedeutung hat, die mehr ist als bloß die Summe seiner Einzelteile; dass er im strengen Sinne vielleicht gar kein Name ist, sondern eben ein Wort, ein Substantiv mit einer spezifischen Wortbedeutung, die auf Gegenstände oder Sachverhalte verweist. Dobson zufolge handelt es sich bei diesen Robin-Hood-Beinamen möglicherweise um eine im 13. Jahrhundert geläufige Bezeichnung für ‹Bandit›, ‹Verbrecher› oder eine ‹irgendwie mit dem Gesetz in Konflikt geratene Person›. Es läge damit kein eigentlicher Personenname vor, sondern ein Platzhaltername, also ein Begriff wie im Deutschen etwa ‹Otto Normalverbraucher› und ‹Lieschen Müller› oder ‹John Doe› (‹Durchschnittsmann›) im amerikanischen Englisch, nur eben anrüchiger. Solche Platzhalternamen können durchaus spezifischere Bedeutungen als ‹Jedermann› haben, so etwa der englische Begriff ‹Tommy Atkins› für den britischen Soldaten im Ersten Weltkrieg oder der US-amerikanische Terminus ‹Joe Sixpack›, die leicht abwertende Bezeichnung für den biertrinkenden Arbeiter der Gegenwart. Weil diese scheinbaren Namen, linguistisch gesehen, wie Substantive fungieren, da sie als Bezeichnungen gebraucht werden, ist es wiederum möglich, sie in Beinamen zu verwandeln. Ich führe dies hier deswegen so detailliert aus, weil Dobsons These darauf hinausläuft, dass sich hinter ‹Robin Hood› mitnichten der Name einer individuellen, historisch identifizierbaren Persönlichkeit verbirgt, sondern vielmehr ein volkstümlicher Begriff für ‹Dieb› oder ‹Räuber›.

Demzufolge wäre es möglich, ja sogar wahrscheinlich, dass sich die Figur ‹Robin Hood› aus einem weit verbreiteten Begriff für ‹Bandit› heraus entwickelt hat – und es daher nie einen historischen Robin Hood gegeben hat. Schließlich käme ja auch heutzutage niemand auf die Idee, bei der Erwähnung von ‹Lieschen Müller› das Telefonbuch durchzublättern, um nach ihrer Adresse zu suchen – auch wenn es natürlich durchaus Frauen gegeben hat, die Lies(ch)e(n) Müller hießen.

Wenn Dobsons These stimmt, dann hätte die legendäre Figur den ursprünglich existierenden Begriff für Dieb im Laufe der Zeit verdrängt. Dann wäre der *Robinhood* als Verbrecherbezeichnung dem ‹Robin Hood› der Legende gewichen. Dobson scheint damit derjenige Historiker zu sein, der dem historischen Kern der Legende oder vielmehr dem tatsächlichen Fehlen eines solchen Kerns am nächsten gekommen ist. Als krimineller Bruder von ‹John Doe› oder ‹Lieschen Müller› kann ‹Robin Hood› leider keinen Platz in der Geschichte mehr beanspruchen. Das schmälert seine Bedeutung als Legende aber keineswegs, denn diese ist sehr wohl eine kultur- und sozialhistorische Realität.

2. Die Anfänge der Legende

Wenn es also unmöglich ist, einen realhistorisch ‹echten› Robin Hood zu identifizieren, dann müssen wir erst recht fragen: Wo kommt die Legende her? Wann und wie wird sie zuerst greifbar? Welche kulturellen Traditionen und ideologischen Strukturen prägen sie? Vor allem aber: Welche politischen Bedeutungen verbinden sich mit dem Kämpfer gegen die Obrigkeit?

Die erste Nennung Robin Hoods als legendäre, ja als literarische Figur fällt in das letzte Viertel des 14. Jahrhunderts. Im Jahre 1377 erwähnt ihn der bedeutende spätmittelalterliche englische Autor William Langland in seiner monumentalen religiösen Dichtung *Piers Plowman* (dt. *Peter der Pflüger*), einem Werk, das die Irrwege des Menschen auf der Suche nach Gott allegorisch beschreibt. An der Stelle, an der er Robin einführt, kritisiert Langland faule Priester, die sich lieber mit Unterhaltungsliteratur – mit den «rymes of Robyn Hoode» – beschäftigen, als ihre seelsorgerischen Pflichten zu erfüllen. Langland will damit zeigen, wie die zeitgenössische Kirche daran scheitert, ihren heilsgeschichtlich notwendigen Aufgaben nachzukommen, und die einfachen Gläubigen im Stich lässt. Die Kritik richtet sich aber nicht grundsätzlich gegen die Robin-Hood-Gestalt, sondern bezieht sich darauf, dass Robin als Gegenstand der Unterhaltungskultur in der Kirche nichts zu suchen habe.

Nach dieser ersten Erwähnung Robins im Jahre 1377 nehmen die Hinweise auf den Gesetzlosen als legendäre oder literarische Figur schnell zu. Wir finden sie an den erstaunlichsten Stellen, so zum Beispiel in Form eines Verses, den ein gelangweilter Kanzleischreiber im Jahre 1432 in ein juristisches Schriftstück kritzelte: «Robyn Hode Inne Greenwode Stode Godeman Was He.» («Robin Hood stand im grünen Wald, er war ein guter Mann.») Mit der Erwähnung der Legende durch William Langland ist für uns klar, wann der Kult um Robin spätestens begonnen hat. Der Anfang muss um die Mitte des 14. Jahrhunderts oder kurz danach gelegen haben, sonst könnte sich ein Dichter wie Langland nicht so selbstverständlich darauf beziehen. Allerdings kann die Legende auch nicht sehr viel älter sein, sonst hätte man schon frühere Belege gefunden.

Unklar ist jedoch, was genau sich hinter den «rymes of Robin Hoode» verbirgt, die Langland erwähnt. Denn «rymes of Robin Hoode» kommen im späten Mittelalter in zwei verschiedenen kulturellen und literarischen Varianten vor, die hier beide gemeint sein könnten. Es handelt sich erstens um den Robin Hood der Spiele und populären Aufführungen und zweitens um denjenigen der Balladen. Der erste Robin ist eine Gestalt des volkstümlichen Theaters, der zweite eine der volkstümlichen Dichtung. Die beiden frühen Stränge der Legende sind in sich bereits vielgestaltig und konfliktreich. Weder in politischer und sozialer noch in kultureller und ästhetischer Hinsicht bieten sie ein einheitliches Bild. Sie unterscheiden sich stark voneinander, obwohl sie sich wahrscheinlich gegenseitig beeinflusst haben. Die

Experten sind sich nicht darüber einig, welche die ältere Tradition ist. Kein Wunder also, dass auch die politisch-soziale Interpretation der frühen Robin-Hood-Legende nicht einheitlich ausfällt, sondern die Forschung, grob gesagt, in zwei große Schulen zerfällt, die man etwas vereinfacht die ‹radikal-demokratische› und die ‹konservative› nennen könnte.

3. Robins erste Verkörperung: die Robin-Hood-Spiele

Stephen Knight hält die Robin-Hood-Spiele, die sogenannten *play-games*, für die älteste Variante, in der sich die Robin-Hood-Legende manifestiert. Sie sind auch die Form, in der sie bis ins frühe 16. Jahrhundert am häufigsten erwähnt wird. Den auf den ersten Blick tautologisch scheinenden Begriff des ‹play-game› hat die Robin-Hood-Forschung geprägt, weil diese Spiele zwei kulturelle Sphären miteinander verbinden, die man aus moderner Sicht als getrennte wahrnimmt: die Welt des Theaters und die Welt des Sports. Da man im Deutschen das Spiel mit den semantisch verwandten englischen Begriffen ‹play› (‹Spiel/Inszenierung›) und ‹game› (‹Spiel/Wettbewerb›) nicht nachahmen kann, ist es sinnvoll, schlicht von ‹Robin-Hood-Spielen› zu sprechen, auch wenn damit leider die Doppelnatur des Phänomens unsichtbar bleibt.

Die Robin Hood gewidmeten Spiele sind ab 1426 in ganz England nachweisbar und fanden gewöhnlich zu Pfingsten statt. Ablauf und Charakter dieser Veranstaltungen lassen sich nur grob rekonstruieren. Man geht davon aus, dass es sich um eine Verbindung von mindestens drei Elementen handelte: erstens einem feierlichen Einzug der Robin-Hood-Gestalt, die von den jungen Männern des Ortes begleitet wurde; zweitens einer Aufführung mit simpler, wenngleich hochdramatischer Handlung, in der Robin und seine Gesellen im Kampf gegen den Sheriff oder einen anderen Widersacher irgendeine Heldentat vollbringen; und drittens eine Reihe sportlicher Wettkämpfe, bei denen gewöhnlich das Bogenschießen, das Steinstoßen und der Ringkampf im Vordergrund standen.

Für die Spielhandlung sind drei Skripte erhalten geblieben, die ein rudimentäres Handlungsgerüst bieten. Die wenig ausgeführte Handlung ist unter anderem damit zu erklären, dass die Aufführungen einen improvisatorischen Charakter hatten. Da diese überlieferten Handlungsverläufe denen der älteren Balladen stark ähneln, verzichte ich hier darauf, sie zu diskutieren. Weil die Handlung selbst oft einen wettkampfartigen Charakter hatte – Robin Hood misst sich zum Auftakt des Geschehens mit einem Gegner oder Freund im Bogenschießen oder Ringen, möglicherweise auch im Fechten oder Stockfechten –, ist schon hier die Nähe zum sportlichen Teil des Ereignisses gegeben. An die Wettkämpfe schloss sich gegen Abend öffentlicher Biergenuss an, und es wurde Geld für kommunale Projekte gesammelt, etwa für die Instandhaltung von Brücken und Wegen. Eine andere Variante war das sogenannte *Church ale*, bei der das gesammelte Geld der Kirchengemeinde zugutekam. So konnte die Robin-Hood-Gestalt als ins Harmlose gewendeter Bandit auftreten, der die Anwesenden für die gute Sache um ihr Geld erleichterte.

Die kulturelle Bedeutung dieser Spiele ist vielschichtig. Der rituelle Einzug Robin Hoods und seiner Getreuen stellt offenbar so etwas wie eine Brücke zur unberührten Natur her. So gesehen, tritt Robin Hood hier nicht allein als legendärer Gesetzloser auf, sondern seine Gestalt nimmt Züge eines ‹Wilden Mannes› oder ‹Grünen Mannes› an. Naturfiguren dieser Art sind in der Literatur, aber auch in vielen bildlichen Darstellungen aus dem Mittelalter bekannt und waren in England besonders populär. Hinter den Bezeichnungen ‹Wilder› oder ‹Grüner Mann› verbergen sich zwei unterschiedliche, aber möglicherweise verwandte mythische Figuren. Der Wilde Mann erschien gewöhnlich als fast nackte, bärtige und oft stark behaarte Gestalt von gewaltiger Körperkraft, die mitunter einen Lendenschurz aus Laub trug. Er war mit einer riesigen Keule oder einem ausgerissenen Baum bewaffnet, jagte Hirsche, auf denen er aber auch ritt; zudem herrschte er über mythische Waldwesen, wie etwa Einhörner. Er scheint als Verkörperung von Naturkraft mit Fruchtbarkeit in Verbindung gebracht worden zu sein und war daher Teil sowohl dynastisch-aristokratischer Symbolik als auch des Marienkultes, wo er einen Kontrast zur keuschen Fruchtbarkeit der Gottesmutter bildete. Der dynastische Zusammenhang wird in seiner häufigen Verwendung als Schildhalter in der Heraldik deutlich. Der nur aus einem menschlichen Kopf bestehende ‹Grüne Mann› hingegen findet sich als Abbildung besonders auf Kapitellen in Kirchen und Kathedralen. Dabei ist der Kopf gewöhnlich von Blätterwerk umgeben, das ihm Haar und Bart ersetzt und meistens aus Mund und Nase wächst. Man vermutet, dass er keltischen Ursprungs ist und eine allgemeine Naturkraft darstellt. Man hat Robin aber auch als eine Art *Lord of Summer* oder *Summer King* gesehen, als mythische Verkörperung des Sommers und seiner Fruchtbarkeit.

Dank der Nähe zu solchen Gestalten verkörpert Robin Hood als Herrscher des Waldes in diesen Spielen den Fürsten einer naturverbundenen Anderswelt, die im Gegensatz zur Zivilisation der menschlichen Siedlung steht. Das Mittelalter war fasziniert von Anderswelten, wie etwa der in keltischen Sagen prominenten Feenwelt, die noch in der höfischen Literatur über König Artus und seine Tafelrunde fortlebt. Besonders wichtig sind in diesem Zusammenhang die Grenzen der Anderswelt. Durch seinen feierlichen Einzug in die Siedlung wird Robin als eine Figur gekennzeichnet, in deren Macht es steht, Grenzen zu passieren. Dass diese Durchlässigkeit der Barrieren zwischen Anderswelt und menschlicher Welt gerade zu Pfingsten inszeniert wird, ist kein Zufall. Der englische Ausdruck für Pfingsten bezieht sich auf das Blühen des Weißdornbusches: ‹Whitsun›, der weiße Sonntag. Der Weißdornbusch aber galt in der keltischen Mythologie als die Pflanze, die den Eingang zur Feenwelt bewacht.

Zugleich hat der Einzug des mythisch überhöhten Robin ein karnevaleskes Element, wie es der russische Literatur- und Kulturwissenschaftler Michail Bachtin beschreibt. Mit dem Erscheinen Robins gelten die üblichen Hierarchien und Regeln für einen speziell bezeichneten Zeitraum nicht mehr. Die Natur dringt in die Zivilisation ein und mit ihr auch ein Element ju-

gendlicher Gewaltsamkeit und Körperfreude, das dann in einer
Aufführung zum Ausdruck kommt, die den Widerstand eines
Gesetzlosen gegen die Obrigkeit auf derb-handfeste und manchmal auch komische Weise inszeniert und verherrlicht. Anschlie-
ßend wird die Körperlichkeit der jungen Männer über athle-
tische Wettkämpfe mit einem deutlich martialischen Zug sowohl sichtbar ausgelebt als auch rituell kanalisiert. Und
schließlich wird die jugendliche Gewaltsamkeit im Akt des
Geld-Sammelns für die Gemeinschaft wieder in den Rahmen
eines Dienstes an der Allgemeinheit überführt. Das latent Be-
drohliche der Robin-Hood-Figur sowie des Einbruchs ungebän-
digter Natur und ungezügelter jugendlicher Rabaukenkraft
stärkt am Ende nicht allein symbolisch, sondern auch konkret
finanziell genau jene zivilisatorische Gemeinschaft, gegen die
sich der angeblich aus dem Wald aufgetauchte Gesetzlose eben
noch aufzulehnen schien. Man spürt in diesen Robin-Hood-
Spielen, bei denen die jungen Männer in das Dorf oder die Stadt
einziehen und an einem jährlich stattfindenden öffentlichen Ritual kanalisierter und symbolischer Gewalt teilnehmen, auch
ein Element der Initiation.

Es ist nicht leicht, den genauen sozialen Ort der Robin-Hood-
Spiele einzuschätzen. Sie scheinen die ganze soziale Gemeinschaft zu umgreifen, aber auch besonders die unteren Schichten
anzusprechen. Ein Brief Sir John Pastons aus dem Jahre 1473
gibt hier ein wenig Aufschluss. Darin beschwert sich der wohl-
habende Landbesitzer, dass sich einer seiner Diener «nach
Barnsdale» begeben, sprich: aus dem Staube gemacht habe.
Barnsdale ist neben dem Sherwood Forest ein Ort, der immer
wieder mit Robin Hood in Verbindung gebracht wurde.

Die Familie Paston hat uns eine umfangreiche Sammlung von
Briefen hinterlassen, die vom späten 14. bis ins frühe 16. Jahrhundert reicht und zu den wichtigsten sozial- und kulturge-
schichtlichen Quellen des englischen Spätmittelalters überhaupt
gehört. Die Pastons waren eine aufstrebende Familie vom
Lande. Ursprünglich aus der Welt der hörigen Bauern stam-
mend, war es dem Begründer des Familienvermögens, Clement
Paston I., gelungen, als Anwalt Karriere zu machen und Grund-

besitz zu erwerben. Seine Nachkommen verstanden es mit mehr
oder minder aufrichtigen Methoden und in engem Kontakt zur
Londoner Justizszene, diesen Besitz zu mehren. Der Familie gelang der Aufstieg in die *gentry*, also in den niederen Landadel.
Diese Gesellschaftsschicht prägte vom Spätmittelalter bis ins
20. Jahrhundert wie kaum eine andere die Kultur und Gesellschaft Englands – jedenfalls die seiner Oberschichten. Zwar
verlor die *gentry* im letzten Viertel des 19. Jahrhunderts ihre
wirtschaftliche Basis, nämlich eine international wettbewerbs-
fähige Landwirtschaft, aber ihre Institutionen und Gepflogenheiten bestimmen den Lebensstil der englischen Eliten in vielerlei Hinsicht bis heute. Der eben skizzierte Aufstieg der Pastons
in die *gentry* ist keineswegs ungewöhnlich, denn das englische
Spätmittelalter – genauer die Zeit von 1350 bis 1500 – übertraf
an sozialer Mobilität alle anderen Epochen der englischen Geschichte inklusive des 20. Jahrhunderts. Davon wird später
noch ausführlich die Rede sein.

Indem er sagt, dass sein Diener «nach Barnsdale» gegangen
sei, macht Paston einen Witz. Die Ironie steckt darin, dass eben-
dieser Diener im Haushalt der Pastons vor allem als Schauspieler beschäftigt war, der den heiligen Georg oder eben Robin
Hood oder den Sheriff von Nottingham verkörperte. Der milde
Scherz enthält allerdings auch eine sozialhistorisch relevante
Aussage: Robin Hood ist etwas für die Dienerschaft bzw. die
abhängig Beschäftigten. Nichtsdestoweniger schien Sir John
dieses populäre Brauchtum zu fördern. Bereits hier deutet sich
an, wie schwierig es ist, die sozialen und politischen Kontexte
für die Robin-Hood-Legende im späten Mittelalter zu bestimmen. Am Beispiel der Balladen wird dieses Problem noch viel
deutlicher.

4. Die Robin-Hood-Balladen

Während uns die Robin-Hood-Spiele kaum Textzeugnisse hinterlassen haben, obwohl sie eine sehr beliebte, weit verbreitete und über mehr als zwei Jahrhunderte gepflegte Volksfesttradition bildeten, ist eine verhältnismäßig große Zahl an Robin Hood-Balladen überliefert. Balladen sind eine literarische Gattung, die sich im England des ganz späten Mittelalters und der Frühen Neuzeit bei den einfachen Volksschichten großer Beliebtheit erfreute. Für den Robin-Hood-Stoff sind die Balladen so wichtig, weil wir in ihnen die ersten wirklichen *Geschichten* über Robin Hood finden, die über die lockeren Handlungsskizzen der *play-games* hinausgehen. Die Balladen geben Robin erstmals deutlichere Konturen und bieten uns deshalb so etwas wie die Basisstrukturen der Legende. Bis auf den heutigen Tag hat kein anderer Quellentypus unsere Vorstellung von Robin so sehr geformt wie sie. Insbesondere der Robin Hood, den wir aus dem modernen Film kennen, ist das Produkt gezielter Rückgriffe auf die Balladen und auf die Themen, Handlungsmuster und Stereotypen, die diese vermitteln.

Dennoch ist bei den Balladen besondere Vorsicht geboten. Manche Historiker – aber auch Literaturwissenschaftler – sind der Versuchung erlegen, von diesen Texten unmittelbar auf die Welt des späten Mittelalters und insbesondere auf die Lebensumstände Robin Hoods und seines Publikums zu schließen. Dies ist gefährlich, denn die Balladen sind literarische Texte, so simpel einige von ihnen auch sein mögen. Als solche bieten sie uns stets nur einen sehr vermittelten, literarisch geformten Blick auf die historische Welt. Nichts war wirklich so, wie es in den Balladen steht. Sie geben viel eher Aufschluss über literarische Konventionen und Stereotype oder über Wunschträume und kulturelle Phantasien als über die sozialgeschichtliche Realität. Aber selbst wenn man diese wichtigen Einschränkungen im

Blick hat, kann man bei der Deutung der Balladen leicht in die Irre gehen. So glaubten verschiedene Historiker, aus den geschilderten Themen und Ereignissen der Balladen zwar nicht direkt auf die in ihnen abgebildete Wirklichkeit schließen zu können, wohl aber auf die spezifische Beschaffenheit ihres Publikums. Diese Forscher sahen in den Balladen einen sozialen Spiegel, der ihre Rezipienten eins zu eins reflektierte. Es gab sogar die These, dass sich die offenkundige Duldung und mitunter sogar Verherrlichung der Gewalt in den Robin-Hood-Balladen nur an ein Verbrecherpublikum gerichtet haben könne. Nur Räuber und Gesetzlose selbst hätten an den brutaleren Aspekten der Abenteuer des *outlaw* Vergnügen finden können. Dies ist jedoch ein geradezu klassischer Fehlschluss. Ins Extrem gesteigert, würde er bedeuten, dass Tierfilme nur für die Giraffen und Schimpansen im Zoo gedreht werden. Literarische Texte bieten ihren Rezipienten vielerlei Formen von symbolischen Ausweichstrategien. Sie zeigen mitnichten immer die unmittelbare Umwelt ihrer Leser, sondern bieten ihnen oft genug Phantasiewelten,um deren Künstlichkeit das Publikum sehr wohl weiß. In solchen Phantasiewelten können die Probleme einer Gesellschaft dann in verhüllter oder indirekter Form verarbeitet werden. Wenn wir jetzt also in die Diskussion der Balladen einsteigen, müssen wir darauf achten, dass wir zwei Fehler vermeiden: Weder dürfen wir glauben, dass der Inhalt der Balladen direkt der spätmittelalterlichen Alltagserfahrung entspricht, noch sollten wir annehmen, dass das Dargestellte genau die spezifische soziale Lage des Balladenpublikums widerspiegelt.

Auch über die Robin-Hood-Balladen ist weit weniger bekannt, als man lange Zeit glaubte. Sie zeichnen ein nicht ansatzweise so klares Bild von der Figur, wie man hätte erwarten können. Traditionell definiert sich die englische Ballade – und allein um sie geht es hier – folgendermaßen: Es handelt sich um eine Gattung kurzer Verserzählungen oft abenteuerlichen oder tragischen Inhalts. Der Stoff wird schnell und packend mit viel Handlung und Dialog, aber fast ohne Beschreibungen dargestellt. Eine Balladenstrophe besteht gewöhnlich aus vier Versen, von denen der erste und dritte Vers jeweils acht Silben zählen,

der zweite und vierte je sechs. Es reimen sich nur der zweite und
vierte Vers. Das Versmaß ist überwiegend, aber nicht ausschließlich jambisch. Der Jambus besteht aus zwei Silben: einer
unbetonten Silbe, auf die eine betonte folgt. Von den acht Silben
im ersten und dritten Vers werden folglich jeweils vier betont
und von den sechs Silben im zweiten und vierten Vers jeweils
drei. Der Jambus eignet sich für das Englische besonders gut.
Einerseits arbeitet die Sprache – im Unterschied etwa zum Lateinischen – mit Artikeln, die man gewöhnlich nicht betont. Andererseits verfügt das Englische dank lautlicher Entwicklungen
des (Spät)Mittelalters über außergewöhnlich viele einsilbige
Wörter, die sich leicht an die betonte Stelle im Jambus rücken
lassen. Man braucht im Englischen nur «The Queen!» auszuru-
fen, etwa wenn man sein Glas erhebt, um einen Toast auf die
Königin auszusprechen, und schon hat man einen Jambus. Weil
sich der Jambus also relativ leicht mit dem spezifischen Rhyth-
mus der englischen Sprache verbinden lässt, kommt er in der
englischen Literaturgeschichte am häufigsten vor. Er eignet sich
zumal für Verserzählungen, in denen es spannend und direkt
zugeht. Wie schnell diese schlichten Texte ihre dramatischen Situationen konstruieren, zeigt beispielsweise die dritte Strophe
aus *Robin Hood and the Potter*:

> Bot as the god yeman stod on a day,
> Among hes mery maney,
> He was ware of a prowd potter,
> Cam dryfyng owyr the leye.

> (Aber als der gute freie Mann an einem Tag im Kreise seiner
> Bande stand, bemerkte er einen stolzen Töpfer, der über das offene
> Land fuhr.)

Die ältere Forschung vermutete noch, dass die Balladen direkter
Ausdruck einer volkstümlichen Kultur seien und lange Zeit
mündlich kursierten, bevor sie sehr viel später aufgezeichnet
wurden. Obwohl kaum eine der Robin-Hood-Balladen vor
1500 niedergeschrieben wurde und die überdeutliche Mehrheit
in Drucken und nicht in Handschriften vorliegt, glaubte man,

dass uns die Balladen einen relativ unverstellten Aufschluss über die Welt des späten Mittelalters geben. Inzwischen ist man vorsichtiger geworden, und zwar aus mehreren Gründen. Erstens ist der Großteil der erhaltenen Robin-Hood-Balladen eindeutig jüngeren Datums, wie Literaturwissenschaftler und Historiker auch dank sprachwissenschaftlicher Analysen festgestellt haben. Die meisten Balladen stammen aus dem späteren 16. und der ersten Hälfte des 17. Jahrhunderts. Doch sogar im 18. Jahrhundert entstanden noch neue Balladen. Und zweitens sind die Balladen nicht so einfach zu deuten, wie es ihre oft simplen Strukturen und scheinbar naiven literarischen Kunstgriffe nahelegen. Sie verfügen, was ihre ideologischen Aussagen betrifft, über eine nicht zu unterschätzende Komplexität.

Man muss auch die schon angesprochene Frage der Datierung berücksichtigen. Natürlich ist es immer möglich, dass einige Balladen lange in mündlicher Form überliefert und viel später niedergeschrieben wurden. Aber je später der Druck einer Ballade vorliegt, desto wahrscheinlicher ist es auch, dass es sich bei dem jeweiligen Text um das Produkt einer florierenden frühneuzeitlichen Unterhaltungsindustrie handelt, die die älteren Muster aufgriff, aber auch abwandelte. Gedruckt auf einseitigen Einzelblättern, sogenannten *broadsides*, wurden die Balladen von gesellschaftlich eher niedrig stehenden Kunden billig erworben und manchmal zu Heften zusammengebunden. In der zweiten Hälfte des 17. Jahrhunderts sammelten vereinzelt sogar gebildete Herrschaften mit antiquarischen Interessen diese Form der Literatur wie eine ethnologische Kuriosität, so zum Beispiel der berühmte englische Tagebuchautor des 17. Jahrhunderts, Samuel Pepys.

Damit nicht genug: Ging man ursprünglich davon aus, dass Balladen stets gesungen wurden, also eine altertümliche Verschränkung von literarischer und musikalischer Unterhaltung darstellten, ist die Forschung inzwischen zu dem Ergebnis gekommen, dass viele der erhaltenen Balladen nicht für musikalische Darbietungsformen gedacht waren, sondern als (Vor-)Lesetexte fungierten.

Schon aus diesen relativ einfachen Beobachtungen lassen sich kulturhistorisch relevante Schlussfolgerungen ziehen: Die große Mehrzahl der überlieferten Robin-Hood-Balladen bietet uns keinen direkten Weg zurück ins Mittelalter, sondern ist das Ergebnis einer sich zwar auf das Mittelalter berufenden, aber dennoch frühneuzeitlichen Unterhaltungsbranche, die eng mit dem neuen Medium Druck verflochten ist. Was uns die Balladen daher überwiegend bieten, ist nicht das Mittelalter selbst, sondern eher eine spätere volkstümliche Sehnsucht nach dem Mittelalter, die allerdings auf mittelalterliche Quellen zurückgeht. Wenn sich also im späten 16. oder frühen 17. Jahrhundert einfache Leute am Kaminfeuer gegenseitig Balladen von Robin Hood vorlasen, dann träumten auch sie bereits einen Traum vom vergangenen Mittelalter, der dem unseren nicht unähnlich ist, wenn wir im Kino oder auf dem Bildschirm dabei zusehen, wie Russell Crowe an der Seite von Cate Blanchett über Englands grüne Wiesen reitet. Das Publikum der Balladen stand Robin Hood zwar in zeitlicher Hinsicht näher als wir, doch blickte es zu ihm ebenso aus einer Perspektive historischer Sehnsucht zurück. Auch für das Balladenpublikum gehörte Robin letztlich schon der Vergangenheit an.

Die drei ältesten Balladen

Drei Balladen gibt es immerhin, von denen man vermutet, dass sie in der zweiten Hälfte des 15. Jahrhunderts oder um 1500 entstanden sind und daher als (spät)mittelalterlich im eigentlichen Sinne gelten können. Es lohnt sich, diese drei Balladen näher zu betrachten, denn Stephen Knight zufolge liefern sie so etwas wie die Grundbausteine der Robin-Hood-Legende.

Die drei frühen Balladen tragen die Titel *Robin Hood and the Monk* (nach 1450, dt. *Robin Hood und der Mönch*), *Robin Hood and the Potter* (um 1500, dt. *Robin Hood und der Töpfer*) und *Robin Hood and Guy of Guisborne* (aus dem 15. Jahrhundert). Wie auch die späteren Balladen spielen diese drei in einer historisch nicht näher benannten Zeit. Zwar wird hin und wieder ein König erwähnt, doch dieser wird schlicht ‹King Edward› genannt. Da zwischen 1272 und 1377 alle Könige Englands Edward hießen – Edward I. (1272–1307), Edward II. (1307–1327) und Edward III. (1327–1377) – und dann noch einmal von 1461 bis 1483 ein englischer König namens Edward auf dem Thron saß, nämlich Edward IV. aus dem Hause York (und im Jahre 1483 auch noch kurz dessen Sohn Edward V.), sagt dieser Name wenig aus. Aber vermutlich soll er das auch gar nicht: Der vage Verweis auf König Edward führt in eine ‹gute alte Zeit› zurück, die besser nicht zu präzise spezifiziert wird. Folglich fehlen auch weitere Verweise, mit deren Hilfe man die Texte historisch genauer verankern könnte.

Die drei Balladen spielen in einer nordenglischen Gegend zwischen Barnsdale (Yorkshire) und dem ca. 40 Meilen südlich gelegenen Nottingham, nehmen es aber trotz scheinbarer geographischer Präzision mit den eigentlichen topographischen Verhältnissen und insbesondere mit den Entfernungen und Reisezeiten zwischen den genannten Orten nicht allzu genau. Lange Zeit glaubte man, diese geographischen Angaben gäben uns wichtige Hinweise zum Ursprung der Legende. Doch scheint gerade dies nicht der Fall zu sein. Barnsdale ist ein Tal im südlichen Yorkshire, in dessen Nähe tatsächlich Straßenräuber ihr Unwesen trieben. Einen Wald aber gab und gibt es in Barnsdale weder im Mittelalter noch heute. Den findet man in der Nähe von Nottingham, den Sherwood Forest, in dem König Edward III. 1362 auf einer prachtvollen Jagdgesellschaft nicht nur den englischen Hochadel, sondern auch den in der Schlacht von Poitiers gefangenen französischen König Jean II. bewirtete. Der Sherwood Forest war so wichtig, weil England wohl schon im Mittelalter kein besonders waldreiches Land mehr war. Da es kaum Wälder gab, spielten die wenigen, die man kannte, in der Phantasie naturgemäß eine größere Rolle. Die Stadt Nottingham schließlich liegt nicht nur nahe genug am Sherwood Forest, um für dort lebende Gesetzlose interessant zu sein, sondern auch an der Grenze zwischen Mittel- und Nordengland. Der Historiker Colin Richmond hat daraus einen interessanten Schluss gezogen. Im Mittelalter, wie auch heute noch, besteht ein starker Gegensatz zwischen dem Norden Englands und der Mitte sowie dem Süden des Landes, der sich landschaftlich, in den Dialekten, aber auch in volkstümlichen Traditionen niederschlägt. Im Mittelalter war der Norden dünner besiedelt, weniger städtisch und wurde zudem von hocharistokratischen Dynastien beherrscht. Über diesen Teil des Landes hatten die Krone und ihre Verwaltung in Westminster deutlich weniger Kontrolle als über die Mitte und den Süden. Für die Engländer aus dem Süden und dem Mittelland stellte Nottingham daher so etwas wie das Tor zum exotischen und wilden Norden dar. Folgt man Richmonds These, dann verschmelzen die Balladen den Gegensatz zwischen dem wilden Robin und der staatlichen Macht und den Gegensatz zwischen Wald und Stadt mit dem Gegensatz zwischen Nord und Süd.

Eine der wichtigsten Gemeinsamkeiten der drei frühen Balladen, die wir auch in fast allen späteren finden, klingt besonders aus heutiger Perspektive sensationell und soll deshalb schon erwähnt werden, bevor wir uns mit den Texten im Einzelnen beschäftigen: Nie zeigen uns diese Texte einen Robin, der den Reichen nimmt, um den Armen zu geben. Dieses Klischee, das heutzutage fast jeder mit dem Namen Robin Hood verbindet, kommt am Anfang der Legende nicht vor und liegt auch, wie wir noch sehen werden, keineswegs in der sozialen Logik dieser frühen Texte. Um es ganz deutlich zu sagen: Der spätmittelalterliche Robin Hood bzw. der Robin Hood, der für uns an der Grenze zwischen Mittelalter und Früher Neuzeit erstmals als Legende greifbar wird, ist kein sozialer Wohltäter im heutigen Sinn. Wenn er denn überhaupt umverteilt, dann in die eigene Tasche oder in die seiner Anhänger.

Robin Hood and the Monk wird mit einer poetischen Verherrlichung des Sommers eingeleitet und zeigt uns Robin als großen Verehrer der Jungfrau Maria. Er entschließt sich, nach Nottingham zu gehen, um die Messe zu hören. Sein Gefolgsmann Much warnt ihn vor den Gefahren einer solchen Expedition, daher kommt Little John als Begleitung mit. Unterwegs schießen die beiden Gesetzlosen mit ihren Bögen um die Wette. Little John behauptet, gewonnen zu haben, Robin widerspricht ihm vehement und weigert sich, seine Wettschuld zu bezahlen. Sie trennen sich voller Wut, und Robin zieht allein nach Nottingham weiter. Dort erkennt ihn ein Mönch, und nach einem Kampf wird Robin von den Männern des Sheriffs überwältigt. Robins Gefährten im Sherwood Forest hören von der Gefangennahme ihres Anführers; John und Much brechen auf, um ihn zu befreien. Unterwegs treffen sie auf den Mönch in Begleitung eines Pagen, der noch ein Kind ist. Der Kleriker ist mit Briefen über Robins Gefangennahme auf dem Weg zum König. Little John und Much geben sich als Opfer Robin Hoods aus und begleiten den Mönch und seinen Pagen angeblich zu deren Schutz. Dann töten sie den Mönch und seinen minderjährigen Begleiter, wobei der Text mitleidslos erklärt, dass der kleine Page sterben muss, weil er als Zeuge sonst zu gefährlich wäre. Nun tragen Little John und Much die Briefe selbst zum König, der ihnen sein Siegel aushändigt, damit der Sheriff ihm den gefangenen Gesetzlosen zusende. Nachdem sie nun die falsche Identität königlicher Boten angenommen haben, gehen John und Much nach Nottingham, wo sie mit dem Sheriff zechen. Als dieser betrunken ist, schleichen sie sich in den Kerker hinunter und machen dem Kerkermeister weis, Robin Hood sei bereits entflohen. Dann töten sie den Kerkermeister, befreien Robin und entkommen mit ihm in den Sherwood Forest. Dort erklärt Little John, dass er Robin einen guten Dienst im Austausch für einen schlechten erwiesen habe. Robin zeigt sich beschämt und bietet Little John die Führung der Bande an. Doch John verzichtet; er möchte lieber ein einfaches Bandenmitglied bleiben, ein *fellow*. Der Text wendet sich daraufhin dem König zu, der von der Befreiungsaktion erfährt und Little John für dessen Treue zu Robin lobt. Die Ballade endet mit einem Gebet, in dem Gott als gekrönter Herrscher bezeichnet wird.

Auch *Robin Hood and the Potter* bedient sich des poetischen Einstiegs über die Verherrlichung der sommerlichen Natur. Die Handlung setzt damit ein, dass Robin und seine Getreuen einen Töpfer dabei beobachten, wie er mit seinem Wagen auf den Wald zusteuert. Sie erkennen ihn als einen Mann wieder, der noch nie den Zoll des Waldes an sie entrichtet hat. Little John bemerkt dazu, dass der Töpfer ein guter Kämpfer sei, den niemand dazu zwingen könne, den Wegzoll zu zahlen. Der solchermaßen herausgeforderte Robin wettet mit John, dass ihm dies gelingen werde. Robin und der Töpfer kämpfen, Robin mit Schild und Schwert, der Töpfer lediglich mit einem Stock bewaffnet. Tatsächlich gewinnt der Töpfer den Kampf und Robin bezahlt seine Wettschuld an Little John. Robin und der Töpfer tauschen die Kleider und Robin begibt sich so getarnt mit den Töpfen nach Nottingham. Er stellt seinen Stand genau vor dem Hause des Sheriffs auf und verkauft die Töpfe weit unter Wert. Die letzten fünf schenkt er der Frau des Sheriffs, die ihn zum Essen einlädt. Beim Essen unterhalten sich Robin und der Sheriff über einen Wettkampf im Bogenschießen, der noch am selben Tag stattfinden soll. Robin schießt mit dem relativ schlechten Bogen des Sheriffs, gewinnt aber dennoch. Dann erzählt er dem Sheriff, dass er in seinem Wagen einen Bogen habe, den Robin Hood ihm gegeben habe. Er erklärt sich bereit, den Sheriff zu Robin Hood zu führen, damit er den Gesetzlosen festnehmen könne. Nachdem Robin am nächsten Morgen der Frau des Sheriffs einen Ring gegeben hat, brechen er und der Sheriff nach Sherwood auf. Im Wald ruft Robin mit Hilfe seines Horns seine Männer herbei. Sie nehmen dem Sheriff Pferd und Wertsachen ab und schicken ihn heim. Um ihn zu demütigen, schickt Robin der Frau des Sheriffs dessen Pferd. Nun fragt Robin den Töpfer, was seine Waren eigentlich gekostet hätten. Statt des Zwei-Drittel-Pfunds, das sie wert gewesen wären, gibt Robin dem Töpfer zehn Pfund. Die beiden schwören Freundschaft, und das Gedicht endet mit einem Gebet sowie einer Bitte an Gott, «all good yeomanry» zu schützen. Auf diesen Aspekt und auf den komplexen Begriff des ‹yeoman› (die erste Silbe des Wortes spricht man aus wie die Interjektion ‹yo›, die aus dem US-amerikanischen Slang, besonders aus der Rap- und Hip-Hop-Kultur, bekannt ist) werden wir gleich in der Diskussion der Texte zurückkommen.

Die dritte der hier zu schildernden Balladen ist die gewalttätigste und rätselhafteste. Nach der üblichen Einführung, die die Natur des sommerlichen Waldes besingt, begegnen wir einem Robin, der Little John einen Albtraum anvertraut. Er träumte, dass zwei starke *yeomen* ihn angegriffen hätten. Robin und

John machen sich auf, die Männer aus dem Traum zu finden, obwohl John nicht an die prophetische Wirkung von Träumen glaubt. Unterwegs schießen sie um die Wette und begegnen dann einem schwer bewaffneten, an einen Baum gelehnten Mann, der von Kopf bis Fuß in Pferdehaut eingekleidet ist; selbst Pferdekopf, -schweif und eine Mähne fehlen nicht. Es ist Guy of Guisborne, wie wir später erfahren. Little John will sich den Fremden vornehmen, doch sieht Robin darin eine Kränkung und behält sich die Aufgabe selbst vor. Der wütende John verlässt ihn und geht nach Barnsdale, das gerade vom Sheriff angegriffen wird. Johns Bogen bricht, er wird gefangen genommen und soll gehenkt werden. Inzwischen hat sich Robin dem furchteinflößenden Fremden genähert und von ihm erfahren, dass er eine Art Kopfgeldjäger ist, der sich auf der Jagd nach Robin Hood befindet. Robin, der seine Identität nicht preisgegeben hat, erklärt sich bereit, den Fremden zu begleiten, und fordert ihn zu einem Wettschießen auf, das Robin gewinnt. Nun gibt sich Robin als Robin Hood aus Barnsdale zu erkennen, und es folgt ein dramatischer, zweistündiger Schwertkampf, in dem Robin stolpert, getroffen wird und erst nach einem Stoßgebet an die Mutter Gottes aufspringen und seinen Feind töten kann. Robin bezeichnet den Toten als Verräter, schneidet ihm den Kopf ab und entstellt Guys Gesicht bis zur Unkenntlichkeit. Er pflanzt den Kopf des Toten am oberen Ende seines Bogens auf und zieht das Pferdekostüm an. So verkleidet, geht Robin nach Barnsdale, das der Sheriff mit seinen Männern besetzt hält. Dort bläst Robin Guys Horn, woraufhin der Sheriff herbeieilt, um den vermeintlichen Guy dafür zu belohnen, dass er Robin zur Strecke gebracht hat. Als Belohnung fordert Robin das Recht, Little John hinrichten zu dürfen. Dieses Privileg wird ihm eingeräumt, doch er nutzt die Gelegenheit, um John loszuschneiden. Robin gibt John Guys Bogen und Pfeile, und John erschießt den Sheriff, als dieser zu seinem Haus flüchten will. Damit endet das Gedicht.

Diese drei Abenteuer bieten uns so etwas wie den frühesten Robin. Ihre holzschnittartige, mitunter sogar naiv erscheinende und manchmal ein wenig unlogische Handlung sollte uns je-

doch nicht über die kulturelle Komplexität dieser Texte hinweg-
täuschen. Einige klassische Motive der Robin-Hood-Legende
sind in den knappen Inhaltsangaben schon unmittelbar erkennbar: der Wald, der als Gegensatz zur Stadt konstruiert wird; der
Bogen als Waffe, mit dem um die Wette geschossen wird; der
Begriff des ‹yeoman›, der immer wieder zitiert wird, um die soziale Identität der Gesetzlosen zu charakterisieren; der Sheriff,
ein Vertreter der Ordnung, der als Robins wichtigster Gegner
auftritt. Aber schon hier ist eine Einschränkung nötig: Der Sheriff, der uns in diesen frühen Balladen begegnet, spielt eine be-
merkenswert vage Rolle. Zwar erfüllt er die Funktion einer
feindlichen Obrigkeit, aber seine genauen Aufgaben oder Be-
fugnisse bleiben undeutlich – sie interessieren offenbar gar
nicht. Und wenn sich der Sheriff mit seiner Ehefrau und Robin
an den Abendbrottisch setzt, um über sportliche Wettkämpfe zu
räsonieren, verwandelt sich der Verteidiger der feudalen Macht,
den wir aus den Filmen kennen, in einen bürgerlichen Hausva-
ter, der uns als Vertreter von *law-and-order* gerade so viel
Furcht einflößt wie Wachtmeister Alois Dimpfelmoser in *Räuber Hotzenplotz*.

Noch etwas anderes überrascht an den Balladen. Ein aus heutiger Sicht besonders wichtiges Element der Legende, dem so
große Filmstars wie Olivia de Havilland, Audrey Hepburn,
Uma Thurman und Cate Blanchett ein Gesicht gegeben haben,
ist vollständig abwesend: Maid Marian. Mehr noch: Es gibt –
mit Ausnahme der selbstbewussten und durch und durch bürgerlichen Frau des Sheriffs in *Robin Hood and the Potter* –
überhaupt keine Frauen in den Robin-Hood-Balladen. Der
frühe Robin tritt als Mann unter Männern auf. Nur zu einer
einzigen weiblichen Figur hat er eine dauerhafte Beziehung, und
das ist die Jungfrau Maria.

Zwei Themenschwerpunkte, die miteinander zusammen-
zuhängen scheinen, spielen in diesen frühen wie auch in allen
späteren Balladen eine besondere Rolle: Das sind zum einen
der Bogen, die klassische Waffe Robins, und zum anderen der
Begriff des ‹yeoman› als einer sozialen Identität, auf die sich Robin und die Seinen immer wieder berufen. Beginnen wir mit

dem Motiv, das auf den ersten Blick konkreter und eindeutiger wirkt, dem Bogen.

Bogen und Bogenschützen

Bei genauerem Hinsehen stellt uns aber auch das Motiv des Bogens vor unerwartete Probleme. In fast allen Balladen spielt er zwar eine wichtige Rolle, doch eher als Sportgerät denn als Waffe. Robin besteht fast alle seine Kämpfe mit dem Schwert, hin und wieder auch mit dem Stock. Der Bogen ist gewöhnlich dem Wettkampf vorbehalten. Dass Little John den fliehenden Sheriff im letzten der drei Beispiele auf der Flucht erschießt, ist für die Balladen überaus ungewöhnlich. Nun ließe sich argumentieren, dass der Bogen in den Nahkampfsituationen, die regelmäßig im Zentrum der Handlung stehen, ohnehin ungeeignet wäre. Genau das ist jedoch der Punkt: Die Texte, mit denen wir es hier zu tun haben, sind literarische Werke, genauer: fiktionale Texte. Es handelt sich bei ihnen nicht um die Darstellung von Ereignissen, die wirklich stattgefunden haben. Folglich hätte es den anonymen Autoren jederzeit freigestanden, Geschichten zu erfinden, in denen der Kämpfer Robin als Bogenschütze, jedoch nicht als Sportschütze verherrlicht wird und Pfeil und Bogen und eben nicht das Schwert das zentrale Element der Geschichten bilden. Wie so etwas hätte aussehen können, zeigt uns Friedrich Schillers Bearbeitung der Wilhelm-Tell-Legende. In den zwei dramatischsten Situationen des Stückes, beim Apfelschuss und bei der Ermordung des Landvogts Gessler, ist die ganze Handlung um die Armbrust herum konstruiert.

Die Balladendichter hätten also durchaus Handlungsverläufe entwerfen können, in denen sich das spezifische Heldentum Robins über den Gebrauch des Bogens definiert, so wie im amerikanischen Western der Revolver zur archetypischen Waffe der Hauptfigur wird. In einem geradezu paradigmatischen Western, Fred Zinnemanns *Zwölf Uhr mittags* (engl. *High Noon*, 1952), überwindet der von Gary Cooper gespielte Held seine Gegner ganz selbstverständlich mit der Pistole. Dieser Film steigert die Bedeutung des Revolvers noch, indem er in einem entscheidenden Augenblick die eigentlich pazifistische Ehefrau des Helden (Grace Kelly), eine Quäkerin, die noch nie eine Pistole in der Hand hatte, einen rettenden Schuss abgeben lässt. Der Pistolenschuss markiert den Zeitpunkt, an dem sich die junge Frau uneingeschränkt zu ihrem Mann bekennt und bereit ist, sich um seinetwillen von ihren moralischen Grundsätzen zu verabschieden und sich für ihn in Gefahr zu begeben. Dieser Moment birgt für die anfangs fast asexuell wirkende junge Frau ein Element geradezu erotischer Initiation. Sowohl ihre ethische als auch ihre erotische Wandlung manifestieren sich hier in der Waffe, die die Beziehung zwischen den Eheleuten eigentlich erst herstellt. Nichts verkörpert den Western so sehr wie der Revolver; über ihn definieren sich seine Helden.

Ganz anders verhält es sich in den Robin-Hood-Balladen, wo der Bogen überwiegend dem Wettbewerb vorbehalten ist, aber ansonsten kaum eine Rolle spielt. Nicht einmal bei der Jagd kommt er wirklich zum Einsatz. Das erstaunt, denn die Wilderei mit dem Bogen ist ein Motiv, das wir nur allzu gut aus Robin-Hood-Filmen kennen. Dort wird Robins Wilderei im königlichen Forst oft genug dazu genutzt, um sein Leben als Gesetzloser zu begründen. Aber auch Jagd und Wilderei allgemein kommen in den Balladen kaum vor – sie werden hin und wieder beiläufig erwähnt, sind aber für den Handlungsverlauf bedeutungslos. Dies ist durchaus erklärungsbedürftig: Der Wald ist zwar eine zentrale Wirkungsstätte Robins, aber die Bedingungen, unter denen es sich dort lebt, sind den Balladen nahezu gleichgültig. Ohnehin muss sich der Wald seine Rolle als wichtigster Ort mit der Stadt teilen, denn ein nicht geringer Teil der Abenteuer findet ebendort statt.

Robins anscheinend widersprüchliches Verhältnis zum Bogen stellt uns zunächst vor ein Rätsel, zumal die Forschung einst glaubte, dass gerade diese Waffe uns besonderen Aufschluss über die Gestalt des Gesetzlosen geben könne. Der Bogen schien zugleich ein klares zeitliches und ein eindeutiges soziologisches Indiz zu liefern. Ein zeitliches Indiz deshalb, weil die ältere Forschung eine historische Entwicklung konstruierte von einem älteren, kleinen Bogen, dessen Sehne der Schütze vor der Brust spannte, hin zu dem klassischen englischen Langbogen aus Eibenholz, der zwischen 2,0 und 2,30 Meter hoch war und dessen Sehne bis zum Ohr gespannt wurde. Ihn zu handhaben erforderte physische Kraft und technisches Können. Aus archäologischen Knochenfunden weiß man, dass die professionelle Handhabung des Bogens, etwa durch Söldner, zu dauerhaften körperlichen Schäden führte. Dieser Bogen, von dem angenommen wurde, dass er ursprünglich aus Wales stammt, hätte sich demnach erst im Laufe des 13. Jahrhunderts als Waffe des einfachen Mannes durchgesetzt, so dass er im 14. Jahrhundert rechtzeitig zur Stelle war, um den Engländern im Hundertjährigen Krieg (1337–1453) ihre großen Schlachtensiege über die Franzosen zu ermöglichen. Auf der Basis dieses Arguments war es dann klar, dass Robin eine Figur des Spätmittelalters sein müsse. Allerdings existierte der Langbogen vermutlich schon sehr viel früher und taugt somit nicht als chronologisches Kriterium.

Schwerer wiegt hingegen das sozialgeschichtliche Argument: Der Langbogen war nämlich Teil eines demokratischen Geschichtsmythos vom tapferen einfachen englischen Soldaten geworden, der über die von einer arroganten Aristokratie angeführten französischen Ritterheere siegte. Dieses Klischee taucht in Ansätzen auch in Shakespeares Königsdrama *Heinrich V.* auf, das dem Sieg der Engländer in der Schlacht von Azincourt (25. Oktober 1415) über ein weit größeres französisches Heer besonderes Gewicht einräumt.

Über Jahrhunderte hielt sich die historische Legende, dass der Langbogen die Engländer im Spätmittelalter unbesiegbar gemacht habe. Gewiss, die Bogenschützen spielten in der typischen taktischen Disposition der Engländer eine wichtige Rolle, aber keineswegs die alles entscheidende. Bei Azincourt siegte das englische Heer nicht zuletzt deshalb, weil die gewaltige französische Streitmacht auf einer zu kurzen Front so dicht zusammengedrängt wurde, dass sich die einzelnen Kämpfer kaum noch bewegen und von den Engländern systematisch abgeschlachtet werden konnten. Der taktische Fehler der Franzosen bestand darin, dass sie sich zu sehr auf ihre zahlenmäßige Überlegenheit verlassen und es versäumt hatten, in der sogenannten *killing zone*, in der sie den Engländern im Nahkampf begegneten, ihre Beweglichkeit zu wahren. Die englischen Bogenschützen, die an den Flanken standen, hatten zunächst die Aufgabe, das feindliche Heer zum Angriff zu provozieren und auf das Zentrum der englischen Front zuzutreiben. Die Pfeile fügten den Franzosen durchaus Verluste zu, allein schlachtentscheidend waren diese jedoch nicht. Auf dem Höhepunkt der Auseinandersetzung schlossen sich die Bogenschützen sogar dem brutalen Kampf Mann gegen Mann im Zentrum des Geschehens an, wobei sie sich in vielen Fällen der Waffen toter oder verwundeter Franzosen bedienten. Das bedeutet, dass der Bogenschütze in der Choreographie der Schlacht als vielfältig einsetzbarer leichter Kämpfer vorgesehen war, dessen Rolle darin bestand, flexibel in das Kampfgeschehen einzugreifen und sich bei Bedarf auch in den Nahkampf einzuschalten.

Aus sozialhistorischer Perspektive am interessantesten war die Rolle der Bogenschützen bei Azincourt allerdings wegen eines grausamen Befehls, den der König ihnen auf dem Höhepunkt der Schlacht gab, nachdem sich seine Ritter und gepanzerten Soldaten zuvor geweigert hatten, dieselbe Order auszuführen. Als der Kampf in seine heißeste Phase eingetreten war, hatte sich das Gerücht verbreitet, dass die Engländer von hinten angegriffen würden. Tatsächlich hatte der örtliche Grundherr seine Bauern mobilisiert, um das englische Lager im Rücken des Schlachtfeldes zu überfallen. Dort aber hatten die Engländer ihre Gefangenen untergebracht. Wäre es zu einer Befreiung der Gefangenen gekommen, hätten diese zusammen mit ihren Befreiern die englische Stellung von hinten angreifen können. Daher gab Heinrich V. den Befehl, sämtliche Gefangenen umzubringen. Seine Ritter und die schwer bewaffneten Fußsoldaten wollten diesen Befehl möglicherweise aus Ehrgefühl nicht ausführen, sicher aber auch deshalb nicht, weil die Gefangenen in der mittelalterlichen Kriegführung ein wichtiges Kapital darstellten, denn für sie gab es hohe Lösegelder. Ein Gefangener war gewöhnlich ein Mann von Stand. Jemanden, von dem man kein Lösegeld erwarten konnte, nahm man im Mittelalter meist gar nicht erst gefangen, man tötete ihn kurzerhand. Da die schwer bewaffneten Soldaten offensichtlich kein Interesse hatten, ihren Kriegsgewinn zu opfern, musste sich der König an die gesellschaftlich am niedrigsten stehende Gruppe, an die Bogenschützen, wenden, die dann auch gehorsam begannen, die Gefangenen niederzumetzeln. Sie wurden aber bald wieder gestoppt, weil der Angriff auf das Lager abgewehrt werden konnte und sich der Sieg abzeichnete.

Sozialhistorisch ist aus dieser Episode oft auf die besonders einfache Herkunft der Bogenschützen geschlossen worden. In der Tat war ihre Ausrüstung die preiswerteste, weit billiger und primitiver als die eines schwer bewaffneten Kämpfers (engl. ‹man-at-arms›), wie zum Beispiel der in voller Rüstung zu Pferde kämpfende und mit Knappen und Dienerschaft reisende Ritter. Im mittelalterlichen Kriegsgeschäft hatte geringerer sozialer Status auch etwas mit geringeren Investitionen in die Ausrüstung zu tun, die sich wiederum in geringeren Gewinnchancen spiegelten. Auf jeden Fall aber sieht es so aus, als seien die Bogenschützen aus der lukrativen Logik der Kriegsgefangenenökonomie ausgeschlossen gewesen.

Dies sollte uns aber nicht dazu verleiten, den Bogen schlechthin als Arme-Leute-Waffe zu betrachten. Neuere Forschungen haben nämlich gezeigt, dass gerade im Spätmittelalter in den Städten eine Art bürgerliche Bogenschützenkultur entstand – und zwar nicht nur in England, sondern auch im reichen Flandern, das mit England in intensivem wirtschaftlichen und kulturellen Austausch stand. Als pure Sportwaffe spielte der Bogen daher möglicherweise eine Rolle in der Herausbildung eines spätmittelalterlichen bürgerlichen Selbstverständnisses, wofür wir auch in der Literatur Indizien finden.

Der yeoman *und sein historischer Kontext*

In einem der bedeutendsten literarischen Werke des englischen Spätmittelalters, Geoffrey Chaucers *Canterbury Tales*, tritt eine Figur auf, die von Kopf bis Fuß genau so gekleidet ist, wie wir uns noch heute Robin Hood vorstellen: der *yeoman*. Er ist ganz eindeutig als wohlhabend, wenn auch nicht als reich gekennzeichnet. Die *Canterbury Tales* sind eine Sammlung von Versnovellen, für die als Rahmenhandlung eine Pilgerfahrt nach Canterbury dient, auf der sich die Pilger Geschichten erzählen, um sich die Zeit zu vertreiben. Im Prolog des Textes werden die Reisenden detailliert beschrieben: ihr Stand, ihre Kleidung und persönliche Eigenschaften, die einerseits einen sehr lebendigen und individuellen Eindruck verschaffen, aber dennoch klassischen mittelalterlichen Stereotypen entspringen. Einer der im Prolog geschilderten Pilger wird als *yeoman* bezeichnet und nimmt an der Reise als Diener des Ritters teil. Der *yeoman* trägt einen grünen Mantel und eine Kapuze der gleichen Farbe und hat an seinem Gürtel ein ganzes Bündel Pfeile stecken. Die Pfeile sind mit Pfauenfedern befiedert und der Erzähler legt Wert darauf, dass diese nicht etwa matt herunterhängen, sondern frisch aufgesteckt wurden. Chaucers *yeoman* hat einen großen Bogen und einen speziellen Armschutz, wie ihn Bogenschützen trugen. Ferner ist er mit Horn, Schwert, kleinem Rundschild und Dolch ausgestattet. Diese Ausrüstung ist nicht nur vollständig, sondern auch in bestem Zustand und besonders dekorativ, schließlich schmücken Pfauen- anstatt Gänsefedern die Pfeile. So idealisiert Chaucers literarische Darstellung auch ist, verweist sie doch auf das zentrale sozialgeschichtliche Problem des frühen Robin Hood: Die Forschung ist sich bis heute nicht darüber einig, welche spezifischen ideologischen Perspektiven sich mit dem sozialhistorisch schillernden Begriff des ‹yeoman› verbinden und welche der verschiedenen Bedeutungsschattierungen dieses Begriffs für die frühe Robin-Hood-Legende relevant sind. Im Spätmittelalter und in der Frühen Neuzeit hatte der Begriff des ‹yeoman› nämlich mindestens zwei einander überlappende Bedeutungen: erstens ‹freier Mann/freier Bauer› und zweitens ‹Dienstbote› oder auch ‹bewaffneter Gefolgsmann›. Und genau auf diese Unschärfe hat es der in sozialen Belangen überaus scharfsinnige und sensible Chaucer offensichtlich abgesehen, wenn er den Vertreter des Standes der *yeomen* als einen Robin-Hood-artigen Bogenschützen und Experten in Forstfragen schildert, der einen Eindruck selbstbewussten Wohlstands vermittelt, obwohl er in der Funktion eines Bediensteten auftritt.

Man kann die beiden typischen Bedeutungen, die dem Begriff des ‹yeoman› im englischen Spätmittelalter und in der beginnenden Frühen Neuzeit zukamen, nicht streng voneinander abgrenzen. Die eine Bedeutung, die im Deutschen früher mit dem Wort ‹Freisasse› wiedergegeben wurde, zielt auf den freien, grundbesitzenden Mann ab, der aber kein Großgrundbesitzer ist und auch nicht dem niederen Adel angehört. Der *yeoman* steht deutlich über dem hörigen, also, juristisch gesehen, unfreien Bauern, engl. *bondman*, aber auch über dem *husbandman*, einem freien Pächter oder freien Bauern mit nur wenig Grundbesitz. Somit stellt der *yeoman* die Spitze der dörflichen Gesellschaft dar. Die zweite Bedeutung des Begriffs ‹yeoman› impliziert einen Bediensteten, und zwar nicht selten einen, der mit Aufgaben des Schutzes, also mit quasimilitärischen Pflichten, betraut ist. Noch heute heißen die wegen ihrer charakteristischen Uniformen aus dem 16. Jahrhundert bei Touristen so beliebten Wachen im Londoner Tower offiziell ‹Yeomen Warders of Her Majesty's Royal Palace and Fortress the Tower of London›. Dies ist kein Zufall, denn diese Wachtruppe wurde 1485 gebildet. Ihr Name spiegelt somit die Verhältnisse des englischen Spätmittelalters und der Zeit, als die frühen Balladen entstanden, direkt wider.

Doch auch die Bedeutung von ‹yeoman› als ‹Bediensteter› bedarf noch der näheren Erklärung, weil Dienstboten im englischen Spätmittelalter nach Rangstufen gegliedert waren. In einem hocharistokratischen Haushalt, beispielsweise in dem eines Herzogs oder Grafen, waren die *squires* (Knappen) die hochrangigsten Dienstboten, denen nur wichtige Aufgaben übertragen wurden und die nicht selten adliger Herkunft waren. Unter ihnen standen die *yeomen* und darunter die sogenannten *grooms*, die gewöhnlich für einfachste Dienste zuständig waren. Der lateinische Begriff für ‹yeoman›, ‹valettus›, den wir in den Urkunden finden, lebt in Bezeichnungen für Dienstboten oder Dienstleistungen fort: *Valet* heißt im heutigen britischen Englisch der Kammerdiener und *valet parking* findet man insbesondere in luxuriösen Hotels als einen Service, der es betuchten Gästen erlaubt, ihre Wagenschlüssel am Hotelein-

gang einem Angestellten zu überlassen, der dann ihr Auto in die
Garage fährt.

Etymologisch gesehen, bedeutet ‹yeoman› so viel wie ‹junger
Mann›. Im Begriff ‹junger Mann› kommt auch die militärische
Funktion dieser Bevölkerungsgruppe zum Ausdruck, denn mit
der Jugend wird hier eine Vorstellung von Kampfkraft verbun-
den. Schon im Jahre 1252 erließ der damalige englische König
Heinrich III. ein Statut, das sogenannte ‹Assize of Arms› (auch
‹Ordinance of Arms› genannt), das polizeiliche und militäri-
sche Verwaltungsfragen und die entsprechenden Pflichten der
Bevölkerung regelte. Darin wurde der *yeoman* als jemand definiert, der ein jährliches Einkommen von 40 bis 100 *shilling* aus
Grundbesitz bezog. Er sollte über einen Bogen, einen Dolch sowie ein Schwert und einen Rundschild verfügen und damit im
Kriegsfalle seinem König dienen. Die erforderliche Mindest-
summe von 40 *shilling* wurde im englischen Spätmittelalter von
Landbesitz im Umfang von ca. 12 Hektar eingebracht. Diese
40 *shilling* Jahreseinkommen aus Grundbesitz blieben bis zur
großen Parlamentsreform von 1832 das wichtigste Kriterium,
über das sich das aktive Wahlrecht in England definierte. Somit
geht mit dem Status des *yeoman* seit dem späten Mittelalter
auch das Recht (bescheidener) politischer Mitwirkung auf nati-
onaler Ebene einher.

Bis heute also verbindet sich mit dem Begriff des ‹yeoman› ein
eigentümliches Schillern zwischen den Bedeutungen ‹freier,
wohlhabender Bauer› und ‹Dienstbote›, wobei die Bedeutung
‹Dienstbote› selbst nicht ganz eindeutig ist. Wie schon angedeutet, überlappen sich diese Bedeutungsfelder. Das hat verschiedene Gründe: Erstens rekrutierten englische Adlige und Großgrundbesitzer ihre wichtigeren Dienstboten gern aus der Schicht
der Freibauern und zweitens hatte das Konzept des ‹Dienstes›
im Mittelalter eine deutlich positivere Konnotation, als es heute
der Fall ist. Im Rahmen der feudalen Begriffswelt und ihrer
pyramidalen Hierarchiestruktur stand, theoretisch gesehen,
eigentlich jeder Mann bei irgendeinem anderen Mann im
Dienst – nur der König, der die absolute Spitze bildete, diente
keinem weltlichen Herrn. Allerdings war diese Theorie nie so-

ziale Wirklichkeit und im englischen Spätmittelalter war sie es
erst recht nicht. Mittelalterliche Begriffe für gesellschaftliche
Rangstufen oder Schichten sind oft extrem unzuverlässig, weil
sie einerseits gesellschaftliche Normen und Ideale widerspiegeln, andererseits aber auch sozialen Realitäten Ausdruck verleihen. Die Wahrnehmung sozialer Unterschiede und Machtverhältnisse kann auch in modernen Gesellschaften ideologisch
gefärbt und unpräzise sein: In den heutigen USA mit ihren aus-
geprägten sozialen Unterschieden bezeichnet sich die Mehrheit
der Bevölkerung als ‹middle class›, wodurch der Begriff als
Selbstzuschreibung beinahe wertlos ist.

Die Bedeutung des Begriffs ‹yeoman› ist auch deshalb schwer
zu fassen, weil im Spätmittelalter der Dienst bei sozial höher
gestellten Persönlichkeiten ein wichtiger Weg zum sozialen Aufstieg war. Der eben schon genannte englische Dichter Geoffrey
Chaucer (1340–1400) ist ein klassisches Beispiel. Als Sohn
eines reichen und mit dem Hofe verbundenen Londoner Wein-
importeurs wurde er schon als Kind Page im Haushalt der Grä-
fin von Ulster, die der königlichen Familie entstammte. Chaucer
brachte es vom *valettus* schließlich zum Rang des *esquier* –
neuenglisch: *esquire* –, was so viel wie ‹Knappe› bedeutet, aber
ab etwa 1350 die niedrigste Stufe des englischen Adels bezeichnet. Durch seine im Dienste des Hochadels erworbene Stellung
war es ihm möglich, Philippa Roet zu heiraten, die Tochter
eines flämischen Ritters, der im Gefolge der Gemahlin Edwards III., Philippa von Hennegau, nach England gekommen
war. Durch diese Verbindung wurde Chaucer schließlich
Schwager eines der mächtigsten Männer Englands, Johann von
Gent (engl. ‹John of Gaunt›), Herzog von Lancaster, Onkel
Richards II. und Vater von dessen Nachfolger, Heinrich IV.
Chaucers Schwägerin Katharine Swynford diente im Haushalt
Johanns erst als Erzieherin von dessen Töchtern aus erster Ehe
und wurde dann die Geliebte des Herzogs, eine Beziehung, die
nach etwa 27 Jahren, als Katherine Swynford bereits 46 war,
durch die Eheschließung legitimiert wurde. Nicht zuletzt dank
dieser Familienverbindungen konnte Geoffrey Chaucer für
seinen Sohn Thomas eine reiche Erbin als Ehefrau ergattern.

Thomas erhielt den Ritterschlag und wurde als Sir Thomas
Chaucer Sprecher des Unterhauses und zu einer wichtigen, aber
durchaus kritischen Stütze des Hauses Lancaster, das sich 1399
durch eine Rebellion gegen Richard II. an die Macht gebracht
hatte. Sir Thomas' Tochter Alice schließlich heiratete in den
Hochadel ein. Innerhalb von drei Generationen war die Familie
Geoffrey Chaucers durch den ihn adelnden Dienst und die geschickte Nutzung persönlicher Beziehungen, die dieser Dienst
mit sich brachte, vom Bürgertum in den Hochadel aufgestiegen.
Der *valettus* Geoffrey Chaucer, den man am Beginn seiner Karriere auf Englisch schlicht *yeoman* genannt hätte, stellt damit
ein besonders erfolgreiches Beispiel dafür dar, was der Begriff
des ‹yeoman› am oberen Ende seiner Bedeutungsskala alles
umfassen konnte. Dass es bei Robin Hood überwiegend um das
andere Ende der Skala gehen muss, scheint klar. Doch verrät
die Karriereskizze der Familie Chaucer, wie mehrdeutig der
soziale Begriff ‹yeoman› im Spätmittelalter war und wie sehr
er in einer Zeit besonders hoher sozialer Mobilität vom genauen Kontext abhing.

Um zu verstehen, wie es am unteren Ende der Bedeutungsskala von ‹yeoman› aussah, muss man sich die dramatischen
Umwälzungen der Gesellschaft des englischen Spätmittelalters
vor Augen halten. Zu den am weitesten verbreiteten und pro-
blematischsten Klischees über die mittelalterliche Gesellschaft
gehört, dass diese angeblich streng hierarchisch gegliedert gewesen sei und darüber hinaus in bewegungsloser Starre verharrt
habe. Mit der Renaissance, so hört man es immer wieder, sei
dann dieses statische Gefüge aufgebrochen und begabten Indi-
viduen die Chance zum Aufstieg gegeben worden. Für England
gilt dieses Stereotyp jedenfalls nicht. Die englische Gesellschaft
des Hoch- und Spätmittelalters legte zwar großen Wert auf soziale Rangstufen, war aber zugleich in ständiger Bewegung. Gerade das 14. Jahrhundert brachte eine Reihe dramatischer sozialer Veränderungen, ohne die wir uns die Entstehung des Robin-Hood-Mythos nicht vorstellen können.

Tatsächlich kennt die englische Geschichte keine Epoche, in
der die soziale Mobilität so hoch war wie zwischen 1348 und

1500. Das gilt gleichermaßen für die gesellschaftlichen Aufstiegs- wie auch für die Abstiegsmöglichkeiten. Zu den besonders wichtigen Entwicklungen dieser Epoche gehören die Lockerung feudaler Beziehungen, die wachsende Durchlässigkeit der Gesellschaftsschichten und – es klingt paradoxer, als es ist – die gleichzeitige Ausdifferenzierung, man könnte auch sagen: Verschärfung, der gesellschaftlichen Hierarchien und Distinktionen. An den Adelstiteln, mit denen sich die Spitze der Gesellschaft schmücken durfte, wird dies besonders augenfällig. Um 1300 gab es im Grunde nur zwei Adelsränge in England, Ritter und Graf, *knight* und *earl*. Der Begriff des Barons existierte zwar, stellte aber weniger einen Titel als eine Sammelbezeichnung für unmittelbare Kronvasallen dar. Bis spätestens zum Jahre 1500 hatte sich dann die noch heute gültige englische Hochadelshierarchie, das heißt die Rangordnung der Lords mit ihren fünf Titeln, ausgebildet, die, von oben nach unten gesehen, so aussieht: *duke* (Herzog), *marquess*, *earl* (Graf), *viscount*, *baron*. Der Ritter rangierte nun deutlich unterhalb dieser Leiter, denn es bestand ein klarer Statusunterschied zwischen der hohen und der niederen Aristokratie. Aber auch der niedere Adel war um 1500 nicht nur deutlicher definiert, sondern auch in sich strenger differenziert: An seiner Spitze stand der *knight*, der vollgültige Ritter mit Ritterschlag – eine teure Ehrung, um die sich schon im Mittelalter manch niedriger Adlige drückte –, dann der *esquire* und unter ihm der *gentleman*. Wie die Vertreter der hohen Aristokratie hatten sie alle Anspruch auf ein persönliches Wappen. Ein Grund, warum die oberen Schichten so stark nach Differenzierung strebten, war, dass sie von einer großen Gruppe von Aufsteigern bedrängt wurden. Gerade weil die Zeit zwischen 1348 und 1500 eine Epoche war, in der vielen der gesellschaftliche Aufstieg in höhere Schichten gelang, legten die besseren Kreise ihrerseits Wert auf genaue Unterscheidungen. Wie sehr sich die herrschenden Klassen mit der Frage der sozialen Distinktion beschäftigten, belegen auch die fein differenzierten Kleider- und Luxusordnungen, die *sumptuary laws*, die König und Parlament im Spätmittelalter immer wieder erließen und die jedem sozialen Stand vorschrieben, wie viel Gold

oder Silber, welche Edelsteine, welche Pelze und Felle, welche
Stoffe er tragen durfte.

Vor allem demographische und ökonomische Faktoren waren es, die die sozialen Umwälzungen des englischen Spätmittelalters bewirkten. Die wichtigste Rolle spielte dabei die Pest: Im
Jahre 1348 wurde England wie fast das ganze restliche Europa
von dieser verheerenden Pandemie heimgesucht. Heutigen
Schätzungen zufolge löschte sie innerhalb weniger Wochen
etwa 40 Prozent der englischen Bevölkerung aus – allerdings
sind sich die Forscher über die Zahl der Opfer nicht einig. Die
Epidemie setzte ihr Zerstörungswerk das ganze 14. Jahrhundert
hindurch und auch darüber hinaus fort und kehrte bis ins
17. Jahrhundert regelmäßig wieder. Das letzte Mal suchte sie
London in den Jahren 1665/66 heim. Allerdings wurden die
Ausbrüche der Krankheit mit der Zeit ein wenig seltener, beschränkten sich in England zunehmend auf die Städte und
schlugen nicht mehr bei allen Bevölkerungsgruppen in gleicher
Weise zu. Vor allem Kinder und Jugendliche scheinen von den
späteren Pestwellen überproportional betroffen gewesen zu
sein. Dies erklärt möglicherweise auch, warum die demographischen Auswirkungen der Pandemie so enorm und lang an-
haltend waren. Vergleichbare Seuchenerfahrungen aus sogenannten Entwicklungsländern im 20. Jahrhundert zeigen, dass
Bevölkerungsverluste auch nach katastrophalen Epidemien relativ schnell ausgeglichen werden können. Im mittelalterlichen
England war dies jedoch nicht der Fall. Gerade weil sich die
Seuche bei ihrem späteren Auftreten auf jüngere Bevölkerungs-
teile konzentrierte, wurden speziell diejenigen Generationen ge-
schwächt, die den Ausgleich binnen weniger Jahre wieder hätten herstellen können. Zudem hatte die Pest zur Folge, dass in
den einfacheren Bevölkerungsschichten das Heiratsalter der
Frauen deutlich anstieg. Die Frauen trugen dazu bei, die Bevölkerungsverluste auf dem Arbeitsmarkt auszugleichen, indem sie
Berufe ergriffen, die ihnen vorher versperrt gewesen waren. Dadurch erschlossen sich ihnen neue Einkunftsmöglichkeiten, und
es lohnte sich für sie, länger unverheiratet zu bleiben. Sie er-
langten größere wirtschaftliche Selbständigkeit und konnten

sich mit höheren Ersparnissen auf den Heiratsmarkt begeben. Das bedeutete aber auch, dass viele von ihnen erst spät Kinder bekamen, wodurch die Zahl der Geburten sank. Noch Mitte des 16. Jahrhunderts lag die Bevölkerungszahl Englands deutlich unter drei Millionen.

Als die Pest England erreichte, befand sich das Land allerdings schon in einem Prozess tiefgreifenden Wandels, nämlich in einer demographisch-ökonomischen Krise, die unter anderem durch Überbevölkerung hervorgerufen worden war. Nach heutigen Schätzungen hatte England im Jahre 1300 eine Bevölkerung von ca. sechs Millionen Menschen, war aber nicht mehr in der Lage, diese zu ernähren. Zu dieser schwierigen Situation hatten viele Faktoren beigetragen. Zwischen 1000 und 1300 war das Klima in Europa wärmer gewesen und es hatte eine ganze Reihe von Erfindungen gegeben, die eine enorme Steigerung der agrarischen Produktivität nach sich zogen. Wir können hier nicht ins Detail gehen, einige Stichwörter sollen genügen: neue Fruchtwechselsysteme, neue landwirtschaftliche Geräte – zum Beispiel die eiserne Pflugschar –, neue Geschirre, die es möglich machten, den Ochsen als wichtigstes Zugtier durch das Pferd zu ersetzen. Ferner waren neue Böden für die Landwirtschaft erschlossen und Weide- in Ackerland umgewandelt worden. Ab 1300 machten sich in England jedoch Klimaverschlechterungen und eine abnehmende Fruchtbarkeit der Böden bemerkbar – die (Land-)Wirtschaft war an ihre Grenzen gelangt und musste eine beständig sinkende Produktivität hinnehmen. Auch wirkte sich die Änderung im Verhältnis von Weideland zu Ackerland aus. Je mehr Weideland in Ackerland umgewandelt wurde, desto stärker ging die Viehwirtschaft zurück. Damit nahm aber auch die Menge natürlichen Düngers ab, so dass der geringeren Naturdüngerproduktion eine wachsende Zahl von Feldern gegenüberstand, die Dünger brauchten. In einer Wirtschaft, die zu mindestens 90 Prozent agrarisch war, musste eine solche Entwicklung gravierende Folgen haben. Kein Wunder also, dass das durchschnittliche Lebensalter in England in der ersten Hälfte des 14. Jahrhunderts sank.

Schon während der Zeit der Überbevölkerung hatten sich die

alten Beziehungen zwischen den Grundbesitzern und den von ihnen abhängigen Bauern verändert. Die Grundbesitzer hatten das Überangebot an Arbeitskräften ausgenutzt, um Löhne zu drücken oder um alte Pachtverträge durch neue, für sie profitablere zu ersetzen. Auf diese Weise waren feudale Bindungen zwischen Grundbesitzern und hörigen Bauern bereits gelockert und der Arbeitsmarkt zunehmend nach Prinzipien der Profitorientierung umgestaltet worden, während die traditionellen Dienst- und Abhängigkeitsverhältnisse buchstäblich an Boden verloren.

Nach 1348 aber kehrten sich die Machtverhältnisse auf dem Arbeitsmarkt radikal um. Der plötzlich auftretende Arbeitskräftemangel führte dazu, dass Bauern und Landarbeiter in eine wesentlich günstigere Position gegenüber Großgrundbesitzern gelangten und diese weidlich ausnutzten, um sich höhere Löhne und umfassendere Rechte zu sichern. Wie schnell dieser Wandel erfolgte, kann man daran erkennen, dass das englische Parlament 1349, also ein Jahr nach der Pest, ein Gesetz erließ, das die einfache Bevölkerung in Stadt und Land daran hindern sollte, ihre neu gewonnenen demographischen Vorteile zu nutzen. Im Zentrum der Gesetzgebung stand der Versuch, die Löhne auf dem Niveau der Zeit vor der Pest einzufrieren. Daran, dass diese Gesetze im 14. Jahrhundert mehrfach erlassen und bekräftigt werden mussten, erkennt man, wie wenig sie letztlich ausrichteten. Die Grundbesitzer verhielten sich untereinander durchaus nicht solidarisch und waren nur allzu gern bereit, neue Pächter durch günstige Konditionen anzulocken oder Landarbeiter gegen höheren Lohn einzustellen. Zudem lockte die Stadt, denn auch den Handwerksmeistern fehlte es an Lehrlingen und Gesellen. Junge Männer zogen in die Städte, wo die sozialen Spannungen zwischen den Handwerksmeistern, die die Zünfte und oft auch das Stadtregiment beherrschten, und den Gesellen und Lehrlingen, die höhere Löhne verlangten, zunahmen. Manche Grundbesitzer versuchten, die traditionellen Frondienste, die die Bauern ihnen schuldeten, zu intensivieren – doch auch dies war nicht von dauerhaftem Erfolg gekrönt. Insgesamt lässt sich sagen, dass vor allem die unteren Schichten von der Situation nach der Pest profitierten. Insbesondere Bauern, die ihren eigenen Boden bewirtschafteten und nicht gezwungen waren, ihn zu verpachten oder aber große Mengen an Landarbeitern einzustellen, standen nun sehr viel günstiger da. Und dies waren insbesondere die sogenannten Freibauern, die *yeomen*.

Im Sommer des Jahres 1381 erhoben sich die zu neuem Wohlstand gekommenen Freibauern gegen die adligen und kirchlichen Grundbesitzer – der Kirche gehörte ein Drittel des gesamten englischen Grundbesitzes. An dieser Rebellion, der sogenannten *Peasants' Revolt*, nahmen vor allem Bauern der Grafschaften Kent und Sussex teil. Sie zogen nach London, um mit dem König über die Abschaffung feudaler Privilegien zu verhandeln. Sie waren keine am Hungertuch nagenden Tagelöhner, sondern eine selbstbewusste Schicht, die ihren Anteil an der ökonomischen Macht festigen und sogar erweitern wollte. Der Aufstand wird zwar gewöhnlich als eine Rebellion der Landbevölkerung dargestellt, aber auch die unteren Schichten in den Städten beteiligten sich. Beispielsweise öffneten Londons Lehrlinge und Gesellen nachts die Stadttore, so dass die Bauern in die Metropole strömen konnten. Sogar in den Tower, wo sich die Berater des noch minderjährigen Königs aufhielten, konnten die Aufständischen vordringen und dort den Lordkanzler, Simon Sudbury, lynchen. Gelyncht wurden aber auch in grausamen Auswüchsen der Fremdenfeindlichkeit italienische Bankiers und flämische Kaufleute, die in London Geschäfte machten. Es kam zu dramatischen Szenen, bei denen der vierzehnjährige Richard II. der Menge mutig entgegentrat. Schließlich konnte die Regierung die Bauern durch allerlei Versprechen beschwichtigen und heimschicken, um dann sehr schnell zum gewaltsamen Gegenschlag auszuholen und die Revolte zu ersticken.

Aus diesem Grund haben Historiker die *Peasants' Revolt* lange als eher folgenlose Episode betrachtet. Doch das stimmt nicht ganz. Denn nach dem großen Bauernaufstand gab es kein Zurück mehr. Der grundbesitzende Adel verzichtete stillschweigend auf eine ganze Reihe seiner feudalen Privilegien. Auch die Herrschenden hatten ihre Lektion gelernt und ließen gegenüber den Bauern Vorsicht walten. Der Schrecken, der ihnen in die

Glieder gefahren war, lässt sich gut an jenem bereits erwähnten Prolog zu Chaucers *Canterbury Tales* ablesen, wo eine Figur auftritt, die den Archetyp des rebellischen Landmannes verkörpert: der Müller. Überaus kräftig und stiernackig, mit Rundschild und Schwert bewaffnet und als erfolgreicher Ringer beschrieben, verfügt der Müller über das besondere Talent, fest verschlossene Türen mit dem Kopf einzurennen. Darin spiegelt sich die in den Quellen immer wieder erwähnte Erstürmung der Privathäuser von Privilegierten, bei denen die Aufständischen nach Dokumenten suchten, in denen ihre feudalen Pflichten niedergelegt waren.

Der Robin der frühen Balladen: links oder konservativ?

Vor diesem Hintergrund überrascht es nicht, dass der marxistische Historiker Rodney Hilton ebendiesen (sogenannten) Bauernaufstand von 1381 für den zentralen historischen Kontext hielt, auf den sich die Entstehung der Robin-Hood-Figur zurückführen lasse. Für ihn war der Robin Hood der Balladen der Held der bäuerlichen *yeomen*. Hilton zufolge repräsentierte der Gesetzlose eine legendäre Figur, mit der sich die Freibauern in ihrem Kampf um die Abschaffung feudaler Privilegien identifizieren konnten. Hiltons These führte zu einer heftigen Forschungskontroverse, in deren Verlauf der schon genannte Historiker Sir James Holt eine Gegenthese formulierte. Holt erklärte, dass es nicht die aufrührerischen Bauern waren, deren Idol der legendäre Gesetzlose wurde, sondern vielmehr die Dienstboten in den Herrenhäusern adliger Grundbesitzer, die sich in ihm eine Art idealen Vertreter erkoren. Holt sah die Herrenhäuser primär als eine soziale Einheit, was bedeutete, dass auch die Grundbesitzer selbst Gefallen an den Balladen gefunden haben mussten.

Die zentrale Frage in diesem Streit war, ob Robin Hood eher eine ‹linke› oder eher eine ‹konservative› Figur war. Wer für die rebellischen Bauern optierte, sah in ihm den symbolischen Vertreter eines ökonomisch und politisch motivierten Kampfes gegen die Obrigkeit und die oberen Klassen. Wer ihn als Held der Dienstboten sah, verortete Robin Hoods Publikum vor allem unter denen, die von den adligen Herren auf direktere Weise abhängig waren und sich mit ihnen daher potenziell auch identifizierten. Zwar haben sich längst neue Theorien gebildet, auf die wir gleich zu sprechen kommen werden, doch lohnt es sich, einen Moment bei dieser Auseinandersetzung zu verweilen, da sie uns einiges über das Robin-Hood-Problem lehrt.

Die Kontrahenten, Hilton wie Holt, waren Historiker, die sich auf der Suche nach dem historischen Hintergrund für Robin Hood befanden. Dabei machten beide, trotz ihrer gegensätzlichen Auffassungen, zwei Fehler, aus denen spätere Historiker und Literaturwissenschaftler gelernt haben. Erstens suchten sie nach dem *einen* Kontext für die Robin-Hood-Figur, anstatt in Betracht zu ziehen, dass sich in dem legendären Helden vielleicht unterschiedliche Perspektiven vereinten. Damit unterschätzten sie das Potenzial der Literatur – und zwar auch der volkstümlichen –, soziale Verhältnisse auf vermittelte Weise wiederzugeben und sogar Dinge miteinander zu verbinden, die in der gesellschaftlichen Realität als Widerspruch gegolten hätten. Und zweitens gingen sie von einem festen Bild der historischen Fakten aus, um dann in den Texten nach einer Bestätigung für diese Fakten zu suchen. Das bedeutet, dass sie die besonderen Aussagemöglichkeiten literarischer Texte nicht hinreichend beachteten, sondern das Literarische tendenziell dem Historischen unterordneten. Aber gerade weil literarische Texte ihre Botschaften auf symbolisch vermittelte Weise herstellen, können sie Dinge zum Ausdruck bringen, die sich in den traditionellen historischen Quellen – Urkunden oder Chroniken etwa – oft nur schwer fassen lassen: so zum Beispiel Ängste und Sehnsüchte. Auf diese Fragen haben sich spätere Generationen von Historikern und Literaturwissenschaftlern konzentriert.

Die Balladen geben vor allem Aufschluss über die Sehnsüchte und Phantasien, die sich mit Robin Hood verbinden, und nicht so sehr über klar benennbare soziale Realitäten. Deshalb soll jetzt ein genauerer Blick auf die symbolischen Dimensionen dieser Texte geworfen werden.

Wie wir schon gesehen haben, spielt der Wald eine erstaunlich untergeordnete Rolle für Robin Hood. Er ist sein Rückzugsgebiet, das stets mit typisch literarischen Konventionen eingeführt wird. Das heitere Bild der sommerlichen Natur im Wald – die blühenden Pflanzen, die zwitschernden Vögel und das grasende Wild im Sonnenschein –, mit dem die Balladen beginnen, erinnert uns nicht an das reale Leben von Wilderern oder Gesetzlosen im Wald, sondern breitet die Natur als idyllischen Erholungsraum vor uns aus. Diesen Blick hätten im Mittelalter die Wilderer und Gesetzlosen so gewiss nicht gehabt – und die Bauern wohl auch nicht. Es ist eine Waldphantasie, die sich einerseits literarischen Vorbildern verdankt, unter anderem den Ritterromanzen und der Liebeslyrik, und die zugleich eine städtische Perspektive andeutet. Dies wird umso plausibler, wenn man bedenkt, dass England im Mittelalter schon lange kein besonders waldreiches Land mehr war. So gesehen, hat die Forstromantik der Balladen von Anfang an etwas Sehnsüchtiges.

Noch auffälliger ist, dass in den Balladen weder Landwirtschaft noch agrarische Probleme eine Rolle spielen. Bauern kommen genauso selten vor wie Frauen. Nur in einer einzigen Ballade taucht eine landwirtschaftliche Figur auf: ein *pinder* – ein Wachmann für den Schutz von Feldern und Äckern. Er gehört der bäuerlichen Gesellschaft nur in einer ganz untergeordneten Position an und kann am wachsenden Wohlstand der aufstrebenden agrarischen *yeomen* kaum partizipieren. Ansonsten stammen die Berufe, die in den Balladen genannt werden, aus dem städtischen Handwerk – der Töpfer ist ein typisches Beispiel. Außerdem fällt auf, dass die Männer, um die es geht, gewöhnlich keine hoch angesehene Stellung in der Zunftordnung haben. Sie sind keine Handwerksmeister, sondern eher Gesellen. Folglich kommt auch der Grundbesitz, der die Mitgliedschaft im Stande der *yeomen* begründete, als Thema nicht vor. All diese Beobachtungen widersprechen der These, dass die Welt Robin Hoods vom politischen Widerstand der Bauern geprägt sei.

Wenn die Balladen nicht gerade im Wald spielen, dann spielen sie fast immer in der Stadt, und es ist der Wechsel vom Wald in die Stadt und wieder zurück in den Wald, welcher der Handlung ihre Dynamik verleiht. Zugleich aber zeigt eine Geschichte wie *Robin Hood and the Potter*, dass die Stadt mit Misstrauen betrachtet wird. Robin verachtet die profitorientierten Strukturen städtischen Handels und verleiht dem mit einer fast aristokratischen Großzügigkeit Ausdruck; so etwa, wenn er dem Töpfer für seine Töpfe mehr als den zehnfachen Wert zahlt, nachdem er das Geschirr auf dem Markt fast verschenkt hat. Geld und Finanzen werden ebenso feindselig betrachtet wie die Institution der Kirche. Eine solch kritische Perspektive dem Geld gegenüber wurde oft als Folge einer sich im Spätmittelalter ausbreitenden und ausweitenden Geldwirtschaft gedeutet. Das stimmt bis zu einem gewissen Grade, doch sollte man die Geldwirtschaft im England des späten 14. und 15. Jahrhunderts nicht für etwas Neues halten. Insofern ist die ideologische Kritik am Geld als Träger der Modernisierung, die sich in Robins großzügigem Umgang mit Töpfen und Töpfer niederzuschlagen scheint, möglicherweise selbst schon eine Art literarisches Klischee. Mit diesem Klischee wird eine gute alte Zeit beschworen, in der das Geld keine Rolle spielte – aber dies ist eine Zeit, die im englischen Spätmittelalter schon seit vielen Generationen vorbei war.

Will man Robin Hood genauer verstehen, darf man sich nicht nur bei den Orten, Personen und Themen der Texte aufhalten, sondern muss sich vor allem darauf einlassen, wie die Balladen soziale Beziehungen inszenieren: Freundschaften wie Feindschaften. Daraus ergibt sich dann auch, welche politische Bedeutung Robins Handeln zukommt. Nehmen wir zuerst seine Kämpfe, von denen in jeder Ballade mindestens einer vorkommt. Die Zweikämpfe, in die Robin verwickelt wird, lassen sich in zwei sehr verschiedene Typen einteilen: Da sind zunächst die Duelle mit Feinden, wie dem tierhaft-grauenvollen Guy of Guisborne. Diese Auseinandersetzungen gewinnt Robin immer. Sie werden mit außerordentlicher Härte und ohne jede ritterliche Ehrenbezeugungen geführt: Die Kämpfe mögen spannend sein, romantisiert werden sie nicht. Den Kontrast dazu bilden die Zweikämpfe mit späteren Freunden. Diesen Männern begegnet Robin oft als frecher, ja überheblicher Herausforderer.

Auch diese Kämpfe sind hart und ohne romantischen Zucker-
guss, haben aber immer Wettkampfcharakter. Allerdings verliert Robin sie fast immer, in seltenen Fällen einigt man sich auf
ein Unentschieden. Dies tut der anschließenden Freundschaft
und Gemeinschaft keinen Abbruch. Im Gegenteil, diese bewaffneten Auseinandersetzungen dienen einerseits als eine Art kör-
perliche Kommunikationsform, mit der man sich abtastet und
als gleichwertig wahrnimmt, und andererseits als brutales Auf-
nahmeritual, bei dem sich die Gegner als würdig erweisen, Robins Bande beizutreten. Dabei wird nach dem Kampf oft genug
eine Art Vertrag mit dem ehemaligen Gegner geschlossen, der
auch finanzielle Klauseln enthalten kann. Diese Klauseln ähneln
stark finanziellen und rechtlichen Strukturen der städtischen
Arbeitswelt. Daneben aber enthalten diese Duelle auch einen
pädagogischen Aspekt, denn Robin muss durch sie lernen, seine
Neigung zur Überheblichkeit zu zügeln und die Grenzen seiner
Führungsrolle zu respektieren.

Robins Führungsanspruch ist niemals unangefochten und
muss immer wieder neu gerechtfertigt werden. Deshalb ist es so
wichtig, dass er seine Kämpfe gegen die stolzen Fremden meistens verliert. Damit unterscheidet sich seine Führungsrolle von
der eines ritterlichen Helden in der Literatur, dessen moralische
Überlegenheit und höfische Vortrefflichkeit sich fast immer in
seiner überlegenen Kampfkraft spiegeln, wie wir das etwa von
Sir Lancelot aus der Welt des König Artus kennen. Den edelsten
und vortrefflichsten Ritter kann normalerweise niemand besiegen. In den Robin-Hood-Balladen wird bei der gewaltsamen
Kommunikation unter sozial Gleichen nicht die Überlegenheit
des Helden hergestellt, wie es dem aristokratischen Muster entspricht, sondern die grundsätzliche Gleichberechtigung des Gegenüber mit physischen Mitteln anerkannt: Erst danach kann
man dann auch wieder mit Worten verhandeln.

Am Anfang der Balladen erleben wir gewöhnlich, wie Robins
Führungsanspruch durch einen Streit mit Little John so in Frage
gestellt wird, dass dieser Robin verlässt. Der nunmehr auf sich
allein gestellte Robin gerät in ernste Gefahr, die er entweder nur
knapp übersteht oder aus der er von John und seinen anderen

Getreuen befreit werden muss. Erst nachdem Robin sein ur-
sprüngliches Fehlverhalten eingestanden hat, wird er wieder als
Anführer akzeptiert. Die bedrohte Einheit der Gruppe ist wie-
derhergestellt, jedoch nicht zuletzt deshalb, weil der Bandenchef
seine Lektion gelernt hat und dies auch öffentlich zu verstehen
gibt. Zugleich wird damit betont, dass der Anführer ohne die
Gruppe nichts ist und der Obrigkeit hilflos ausgeliefert wäre.

Diese Beobachtungen beziehen sich auf politische Sachverhalte oder auf Handlungen, die Machtverhältnisse symbolisch
zum Ausdruck bringen: auf Fragen der Autorität, der Legitimität
von Führung und auf die Probleme, die Führung mit sich bringt.
In allen geschilderten Szenen geht es um das Verhältnis des Anführers zur Gruppe und damit um die Rolle der Gruppe selbst.
Robin besitzt eben keinen automatischen, statusbedingten oder
gar amtsbezogenen Führungsanspruch. Nur indem er sich immer wieder der Zustimmung seiner Gruppe versichert, kann er
seinen Anspruch auf die Führung der Bande bewahren. Vor
allem muss er Fehler eingestehen und korrigieren sowie Nie-
derlagen gegen Gleichgestellte akzeptieren. Dies ist ein demo-
kratisches Ideal, allerdings eines, das unter den besonderen
Bedingungen einer sehr rauen und physischen männlichen
Homosozialität funktioniert und wenig mit unserer modernen
parlamentarischen Mediendemokratie gemein hat. Homosozialität ist ein Begriff, den die Geschlechterforscherin Eve Kosofsky
Sedgwick geprägt hat und der Beziehungen zwischen Ge-
schlechtsgenossen bezeichnet, die bis zum Erotischen reichen
können, es aber nicht müssen. Gerade aus der Perspektive der
Geschlechterforschung ist der gewaltsame Charakter der demokratischen Kommunikation in den Robin-Hood-Balladen von
besonderer Bedeutung. Denn die betont physische Art, wie Robin und seine Gesellen, seine *Merry Men*, miteinander umgehen,
scheint auch dem unausgesprochenen Zweck zu dienen, Frauen
aus der Gruppe fernzuhalten. Dies mag zwei Gründe haben:
Zum einen stören Frauen, wie der englische Historiker Eric
Hobsbawm in seiner Untersuchung des Typus des ‹Sozialen Banditen› erläutert, leicht das Gleichgewicht der männlichen Gemeinschaft. Frauen würden potenziell ein Moment sexueller

Rivalität in die Männergruppe tragen, das für deren Zusammenhalt gefährlich werden kann. Es könnte hier jedoch noch ein zweiter Aspekt relevant sein: Wenn wir das englische Spätmittelalter als eine Epoche sehen, in der dank der veränderten Arbeitsmarktlage gerade Frauen aus den unteren Schichten eine selbstbewusstere und ökonomisch eigenständigere Rolle spielen konnten als zuvor, dann scheint der Wald der Gesetzlosen auch so etwas wie eine Phantasielandschaft darzustellen, in der Männer nicht in Konkurrenz zu Frauen treten und ihren Vorrang ihnen gegenüber nicht verteidigen müssen. Es ist kein Zufall, dass der schon mehrfach erwähnte Dichter Chaucer auch eine sehr selbstbewusste und dominante Frau mit auf seine fiktionale Reise nach Canterbury schickt, die *Wife of Bath*. Sie zeichnet sich durch ein freies Bekenntnis zu ihren sexuellen Bedürfnissen ebenso aus wie durch ihre Tätigkeit als selbständige Kleinunternehmerin in der Textilindustrie. Allerdings währten die besonderen Chancen für Frauen nach der Pest nicht allzu lange. Bis zum Ende des 15. Jahrhunderts wurden sie wieder aus den bescheidenen Positionen wirtschaftlicher Eigenständigkeit verdrängt.

Die männerbündische Welt der Bande der Gesetzlosen hat immer wieder zu Spekulationen um einen schwulen Robin Hood geführt. Die Balladen geben darüber keinen direkten Aufschluss, und zumindest in *Robin Hood and the Potter* legt es Robin Hood offensichtlich darauf an, den Sheriff sexuell zu demütigen, indem er dessen Gattin Geschenke macht. Er folgt damit einer heterosexuellen Logik. In *Robin Hood and the Monk* scheint zudem ein pädophiles Element mitzuschwingen, das allerdings nicht Robin und seinen Männern, sondern dem Mönch und seinem kleinen Pagen zugeschrieben wird. Darin könnte sich ein im Mittelalter weit verbreitetes kirchenfeindliches Klischee über die homosexuellen oder pädophilen Neigungen von Mönchen und Klerikern widerspiegeln. Dennoch ist die Möglichkeit, dass die homosozialen Beziehungen in der Gruppe auch ein homoerotisches Element enthalten, nicht von der Hand zu weisen. Little John wird stets als engster Vertrauter und ständiger Begleiter Robins dargestellt, und ihre Auseinandersetzungen klingen immer ein wenig nach Beziehungskrise.

Und auch in diesem Zusammenhang sollten wir die symbolische Ebene nicht außer Acht lassen; die Waffen Robins und seiner Gesellen haben allesamt eine phallische Komponente: Schwerter, Stöcke und Pfeile. Darüber hinaus steckt in der intimen körperlichen Kommunikationsebene, auf die sich Robin in seinen Duellen und Wettkämpfen ständig begibt, potenziell ein erotisches Moment – etwa in waffenlosen Begegnungen wie dem Ringkampf. Vor einigen Jahren brachte Stephen Knight nicht einmal allzu ernsthaft die Möglichkeit ins Spiel, dass Robins Welt im Wald auch ein homoerotisches Refugium bedeutet haben könnte. Daraufhin bekam er bitterböse Briefe von entrüsteten Robin-Hood-Fans. Auch die Stadt Nottingham, deren Tourismusbranche von der Tradition des Gesetzlosen lebt, war wenig erfreut, weil sie um ihre Einnahmen fürchtete. Wenn aber die Robin-Hood-Legende Mel Brooks' tuntige Parodie *Men in Tights* (1993, dt. *Männer in Strumpfhosen*) überlebt hat, dann muss sie auch die Instrumente der modernen Genderforschung nicht fürchten.

Politisch relevant ist auch Robins Nähe zur mythologischen Figur des Tricksters, die in den Sagen unterschiedlichster Kulturen vorkommt. Der Begriff des Tricksters wurde von der Anthropologie geprägt und bezeichnet eine oftmals göttliche Figur, die göttliche oder gesellschaftliche Regeln und Tabus verletzt: halb naiv, halb (hinter)listig, nicht selten auch komisch und anarchisch und manchmal sogar brutal. Durch solche Tabuverletzungen nimmt der Trickster mitunter die Rolle eines Kulturheros an, einer mythischen Heldengestalt, die den Menschen eine zivilisatorische Gabe von außerordentlicher Bedeutung verschafft, die die Götter nicht herausrücken wollten. Ein klassisches Beispiel ist Prometheus aus der griechischen Mythologie, der den Menschen mit Hilfe einer List gegen den Willen der Götter das Feuer brachte. Typischerweise begeht der Trickster Diebstähle, kann die Gestalt wechseln und ist sexuell ambivalent, so dass er mit Inzest oder Homosexualität in Verbindung gebracht wird. All diese Aspekte begegnen uns in den Balladen: In *Robin Hood and the Potter* tauscht Robin nicht nur die Identität mit dem Töpfer, sondern verwandelt sich auf dem Marktplatz auch in einen naiven Clown, der seine Ware viel zu billig verscherbelt und so das Prinzip des profitorientierten Handels in Frage stellt. In *Robin Hood and the Monk* gibt es vertauschte Briefe und Identitäten und am Ende sogar die Zustimmung der geprellten Obrigkeit – so wie sich auch der Trickster oft straffrei aus der Affäre zieht. Der König erkennt Robins und Little Johns Taten bewundernd an, obwohl sie gegen seine Autorität und deren höchste Symbole – das königliche Siegel – gerichtet waren. Von politischer Warte aus betrachtet, ist die Trickster-Gestalt interessant, weil sie dazu beitragen kann, herrschende ideologische Strukturen bloßzustellen und Normen, die den Mächtigen dienen, außer Kraft zu setzen, um den Machtlosen zu helfen.

Der Robin der Balladen bleibt eine schillernde Figur. Aber gewisse kulturelle und ideologische Konturen zeichnen sich dennoch ab. Robin und seine Männer verstehen sich als *yeomen*, ohne dass sie diesen Begriff genauer definieren. Bauern jedenfalls sind sie nicht. Sie bewegen sich in einer Welt, die sich am Rande der Gesellschaft befindet, sind aber nicht im eigentlichen Sinne arm und agieren untereinander sogar in den Formen des spätmittelalterlichen Arbeitsrechts. Sie kennen keine materielle Not und verfügen über beträchtliche Summen Geldes sowie die nötige Bewaffnung und Ausrüstung. Die Stadt ist für sie ein zentraler Ort der Erfahrung und Bewährung, auch wenn sie den Werten der Stadt, insbesondere der profitorientierten Kaufmannskultur, feindselig gegenüberstehen.

Den politischen und kulturellen Kontrast zur Stadt bildet der Wald. Aber dieser Wald ist nicht der Wald realistischer Wilderer oder Gesetzloser, sondern eher ein idealisiertes, sommerliches Sport- und Erholungsgelände, das sein Gepräge den Konventionen aus höheren literarischen Formen wie der Ritterromanze oder gar dem Liebesgedicht verdankt. Wichtigstes Thema der Balladen ist der soziale Zusammenhalt der Gruppe und deren demokratische Struktur: Höchstes Gut ist die Solidarität der Gruppe und die grundsätzliche Gleichheit aller ihrer Mitglieder, der sich auch der Anführer unterwerfen muss. Gewalt ist in den Balladen unterschiedlich konnotiert, sie dient in hohem Maße der Kommunikation und der Verbrüderung. Frauen spielen

keine Rolle, sie werden auch nicht gebraucht. Direkt sichtbare
Sexualität kommt nicht vor. Alle Bezüge fehlen, die eine eindeu-
tige Zuordnung der Gesetzlosen zu einer bestimmten sozialen
Gruppe zulassen würden. Die Gesetzlosen haben keine Vergangenheit. Sie sind einfach da, als Gesetzlose in einem Wald, in
dem immer Sommer herrscht und von dem aus sie ihre Akti-
onen gegen den Sheriff und seine Schergen starten. Dieser Sheriff selbst bleibt vage – wie die ganze Struktur der Obrigkeit. Es
fehlt jeglicher Hinweis auf die politische und soziale Organisa-
tion der Gesellschaft in Stadt und Land. Souverän ignorieren
die Balladen die Verwaltungsstrukturen des zeitgenössischen
England: Der im Spätmittelalter polizeilich immer wichtiger
werdende Friedensrichter tritt überhaupt nicht in Erscheinung.
Über alledem schwebt ein König, der sich historisch nicht identifizieren lässt und der die Gesetzlosen zwar bekämpft, ihnen
aber ein gewisses emotionales Verständnis und ihren kühnen
Taten und grundlegenden Normen – etwa der Treue – mitfüh-
lende Bewunderung entgegenbringt.

Will man aus diesem Ergebnis einen Schluss ziehen, drängt
sich der Eindruck auf, dass in den Balladen fast alles sorgsam
vermieden wird, das uns erlauben würde, die Texte politisch
oder sozial genauer festzunageln. Sie sind zwar nicht bewusst
als Rätsel konstruiert, gewinnen diesen Charakter aber dadurch, dass sie über eine größtmögliche Offenheit und An-
schlussfähigkeit verfügen. Man könnte auch sagen: eine mythische Unbestimmtheit. Damit bewahren sie ihre Fähigkeit, all
jene anzusprechen, die sich vom gegenwärtigen System benach-
teiligt fühlen, gleich welche Gestalt dieses im Einzelnen annimmt. Dabei spielt der mehrdeutige Begriff des ‹yeoman› eine
besondere Rolle, denn er verbindet sich eben nicht, wie bei den
Bauern, mit der Vorstellung eines gewissen Grundbesitzes und
wirtschaftlicher Selbständigkeit. Vielmehr birgt der Begriff
‹yeoman› in den Robin-Hood-Balladen ein vages Freiheitsver-
sprechen, das für die untergeordneten Ränge der Stadtgesell-
schaft – zum Beispiel Gesellen – ebenso attraktiv gewesen sein
könnte wie für die Dienstboten reicher Herren. Das undeutliche
Freiheitskonzept, das sich mit Robin verbindet, definiert sich

politisch nicht über ein ökonomisch selbständig genutztes agra-
risches Kapital, sondern vor allem über ein Ideal der Gruppen-
solidarität. Hierbei stört Geld einerseits, fließt aber andererseits
reichlich aus unerschöpflichen (kriminellen) Quellen. In der
Sprache heutiger politischer Debatten wäre Robin vielleicht am
ehesten der Held der städtischen Modernisierungsverlierer –
oder jedenfalls derjenigen, die nicht zu den Modernisierungsge-
winnern zählten. In einer Welt ungemein dynamischer wirtschaftlicher Entwicklungen, in der Einzelne enorme Vorteile
aus den veränderten ökonomischen und sozialen Bedingungen
zogen und gesellschaftlich aufstiegen, war das Phantasiekon-
zept des gesetzlosen *yeoman* im Wald besonders interessant für
solche Kreise (junger) Männer, denen der soziale Aufstieg ver-
wehrt war – oder denen es zumindest so vorkam. Dazu könnten
die Handwerksgesellen gezählt haben, die den Bauern im Jahre
1381 die Londoner Stadttore öffneten und ihnen dabei halfen,
die Vertreter des internationalen Finanzkapitalismus – flämische Kaufleute und italienische Bankiers – zu lynchen. Dazu
könnten auch die Dienstboten wohlhabender, aber nicht über-
mäßig reicher Herren gezählt haben, für die der Dienst eben
nicht die Aufstiegschancen bot, die er beim Hochadel ein-
brachte. Allerdings sollte man den Aspekt der Modernisierungsverlierer nicht zu absolut setzen und auch nicht zu pessi-
mistisch sehen. Denn in den Städten bildeten sich in der zweiten
Hälfte des 14. Jahrhunderts Gilden von Handwerksgesellen, die
im Stile moderner Gewerkschaften versuchten, ihre Interessen
gegenüber den allmächtigen Handwerkszünften zu vertreten.
Diese Gruppen griffen dabei auch auf die Methoden des Auf-
ruhrs zurück und hatten damit punktuell Erfolg. Gerade für
diese Schicht überwiegend junger Männer könnten die politischen Aspekte der Balladen eine große Rolle gespielt haben.
Für sie war wichtig, wie man im Angesicht einer mächtigen Obrigkeit Solidarität herstellt, wie man den Gruppenzusammen-
halt wahrt, wie man Anführer bestimmt, ohne die demokratischen Strukturen zu verletzen oder den Grundsatz der Gleichheit aufzugeben, und wie man mit Gewalt als Mittel zur
Durchsetzung von Interessen, aber auch als Kommunikations-

form umgeht. Handwerksgesellen und Dienstboten waren zwar keine Gesetzlosen, aber es ist zu vermuten, dass sie die Probleme und Regeln des fiktionalen Waldes der Balladen in ihre eigene Umwelt zurückübersetzten.

5. Erste Anzeichen des Aufstiegs: *A Gest of Robyn Hode*

Aus unserer heutigen Perspektive erscheinen die frühen Balladen ebenso faszinierend wie rätselhaft. Je genauer sich die Forschung mit diesen wenigen Texten beschäftigt, desto mehr Facetten entdeckt sie, die das Bild noch komplexer machen und neue Fragen aufwerfen.

Immerhin spricht einiges dafür, dass das Zeugnis der Balladen auch am Ende des Mittelalters nicht völlig befriedigte. Deshalb versuchte ein anonymer Dichter auf der Basis verschiedener Balladen, die zum Teil nicht oder nur in späterer Form erhalten sind, so etwas wie eine umfangreichere, vollständigere Robin-Hood-Dichtung zu schaffen, die auch höheren literarischen Ansprüchen genügen sollte: *A Gest of Robyn Hode* (dt. *Eine Geschichte von Robin Hood*). Der Text bietet uns erstmals so etwas wie eine Biographie Robins – zumindest insofern, als dass er den Helden sterben lässt. Die *Gest* versucht, der Botschaft der Balladen schärfere Kontur zu verleihen, und leitet zugleich auch einen Wandel im Bild der Robin-Hood-Figur ein. Dieser Wandel führt in die Richtung der sogenannten *gentrification*, die einen wichtigen Zweig der Legende in der Frühen Neuzeit bestimmt. Den meisten Lesern wird dieser Begriff vor allem aus der Stadtsoziologie bekannt sein, wo er sich auf den Prozess der ökonomischen Aufwertung von ärmeren Stadtteilen bezieht, wenn sich Investoren und finanziell potente Käufer und Mieter für sie zu interessieren beginnen. Im Kontext der Robin-Hood-Forschung wird mit *gentrification* ein Prozess bezeichnet, der aus Robin, dem Helden einfacher Leute, einen neuen Robin macht, der den Geschmack des gehobenen Lesepublikums trifft und daher auch mit anderen kulturellen Werten und politischen Einstellungen verbunden wird. Erste Anzeichen dafür finden sich in der *Gest*.

Die Entstehungszeit des Textes ist umstritten. Viele Historiker, aber auch Literaturwissenschaftler hielten ihn für älter als die überlieferten Balladen und daher auch für irgendwie ‹echter›. Es ist jedoch grundsätzlich gefährlich, ein Phänomen für echter oder wahrer zu halten, nur weil es (scheinbar) älter ist. Man muss immer bedenken, dass uns aus dem Mittelalter nur ein Bruchteil an Texten überliefert ist – manche Forscher wagen die Vermutung von bloßen zehn Prozent – und dass deshalb oft der Zufall bestimmt, was wir für alt halten und was nicht. Vor allem im Bereich der volkstümlichen Literatur ist vieles nicht mehr zugänglich, während die Bestände der Elitekultur besser bewahrt wurden. Inzwischen gehen Forscher jedoch zunehmend davon aus, dass *A Gest of Robyn Hode* nach 1460 entstanden sein muss, also gar nicht viel älter ist als der erste Druck von 1506–1510, in dem der Text überliefert ist.

Dass die *Gest* später als die schon diskutierten Balladen gedichtet wurde, hätte eine gewisse Logik, eben weil es der Text gezielt darauf anlegt, die vagen und undeutlichen Aspekte der frühen Balladen schärfer zu konturieren. Durch seinen Titel und seine erstaunliche Länge sowie durch seine verschiedenen, miteinander verwobenen Handlungsstränge knüpft er an elitärere Vorbilder an, als es die Balladen tun. Lange vermutete die Forschung, dass es sich bei der *Gest* um eine relativ schlichte Aneinanderreihung mehrerer Balladen handelt – und in der Tat knirscht es hin und wieder bei den Übergängen zwischen den einzelnen Erzählsträngen und Episoden. Auf der politischen Ebene aber ist der Text ungleich präziser als die Balladen, weil er die widersprüchlichen Aspekte der Robin-Hood-Legende auslotet.

Drei Handlungsstränge dieses Textes sind für uns besonders wichtig und sollen hier kurz angedeutet werden. Erstens unterstützt Robin einen in finanzielle Bedrängnis geratenen rechtschaffenen Ritter, der von gierigen, als Geldverleiher agierenden

Äbten um seinen Besitz gebracht wird. Diesem Ritter hilft Robin, sein Vermögen zurückzugewinnen, während die Mönche bestraft werden. Zweitens gibt es eine Episode mit dem König, in der Robin Hood den inkognito reisenden Herrscher nicht erkennt, mit ihm einige Wettkämpfe bestreitet – auch von diesem besiegt wird – und schließlich in dessen Dienst tritt. Aber das Leben bei Hofe ist ihm suspekt und zu kostspielig, so dass sich Robin mit königlicher Erlaubnis wieder in seine Heimat zurückzieht. Drittens wird er einige Jahre später von einer mit ihm verwandten Nonne und deren Liebhaber heimtückisch ermordet. Ein medizinisch notwendiger Aderlass erweist sich als Falle und Robin verblutet.

Die hier genannten Motive sind besonders erhellend. Robin solidarisiert sich mit einem Ritter, der als ein letzter anständiger Vertreter seiner Klasse geschildert wird. Während Robin dem Ritter zu Hilfe kommt, geriert er sich auf fast parodistische Weise als besonders höflich und großzügig. Robin zeigt damit, dass er sich der Umgangsformen der herrschenden Klassen bei Bedarf zu bedienen weiß, diese aber nicht wirklich ernst nimmt und den Oberschichten durch seine Großzügigkeit ohnehin überlegen ist. Der Ritter ist deshalb Robins Verbündeter, weil er vom sozialen Abstieg bedroht ist. Es handelt sich hier also um ein nostalgisches Klassenbündnis: Der echte Ritterstand ist im Grunde schon passé, nicht zuletzt deshalb, weil er durch die rabiaten Geschäftsmethoden der Kirche einerseits und durch das korrupte Justizwesen andererseits in Bedrängnis geraten ist. Die wahre Aristokratie, so stellt es der Text indirekt dar, gibt es eigentlich gar nicht mehr und ihre Sitten und Traditionen sind bei *yeomen* wie Robin besser aufgehoben als bei den herrschenden Schichten, die die alten Ritter um ihren Besitz bringen. Dies ist ein Klischee und nicht soziale Wirklichkeit, aber es ist nichtsdestoweniger aussagekräftig, weil es die schon erwähnte gesellschaftliche Dynamik des englischen Spätmittelalters kritisch kommentiert und soziale Absteiger zur Identifikation einlädt. Insofern ist es auch ein konservatives Klischee.

Aber nicht nur zum absteigenden Ast der Aristokratie pflegt Robin Beziehungen, sondern auch zum König, mit dem er sich genauso in Kraft- und Geschicklichkeitsproben misst wie mit neuen Bandenmitgliedern. Sie spielen beispielsweise *pluck buffet*, bei dem man in mehreren Runden mit dem Bogen um die Wette schießt und der Sieger jeder Runde dem Verlierer einen möglichst kräftigen Schlag versetzen darf.

Die Begegnung mit dem König bekommt einen interessanten Akzent, weil Robin in diesem Text selbst mit durchaus königlichen Verhaltensweisen auftritt, wie wir sie aus der Artus-Dichtung kennen. So wie sich der Herrscher Camelots am Beginn einer Abenteuergeschichte oftmals weigert, sich zum Bankett niederzusetzen, bis nicht ein neuer Gast erschienen ist, der von einem Abenteuer erzählt, so tut es auch Robin im Wald. Robin wird damit einerseits in die Welt der höfischen Abenteuerliteratur versetzt und andererseits selbst zu einem König des Waldes erhoben. Auch sein Verhältnis zu Little John hat sich verändert. Geblieben ist zwar ein – zumindest angedeutetes – Element der Spannung zwischen ihnen, aber es gibt nun eine klare Hierarchie, und John tritt insgesamt in den Hintergrund. Robin gibt Anweisungen und Befehle, John und die Gesetzlosen fügen sich. Zudem verkündet Robin – wiederum mit monarchischer Attitüde – die Regeln der Welt der Gesetzlosen. Diese Regeln sind deutlich komplexer als in den Balladen, zum Beispiel weil sie das Verhältnis zum niederen Adel thematisieren, also das Verhältnis zu Rittern und *squires*.

Trotz seiner eigenen königlichen Eigenschaften unterwirft sich Robin für einige Zeit dem Herrscher, tritt in dessen Dienste und tauscht seine Rolle als Anführer der Gesetzlosen mit einer Stellung bei Hof. Die Autorität des Königs wird damit klar anerkannt, aber gleichzeitig erscheinen die königliche Welt und ihre Werte und Gepflogenheiten als so korrumpierend, dass Robin sich zurückzieht.

Am Ende wird er durch Verrat ermordet. Der Verrat ist ein typisches Motiv, das sich in Mythen, Legenden oder literarischen Texten findet, die sich Heldenfiguren widmen: bei Achilles ebenso wie bei Siegfried oder Shakespeares Othello – und sogar bei Jesus. Das Motiv ist auch häufig in Erzählungen zu finden, die den Typus des ‹Sozialen Banditen› schildern – zum

Beispiel Jesse James, den Räuber aus dem Wilden Westen, oder den sizilianischen Banditen Salvatore Giuliano aus dem 20. Jahrhundert.

A Gest of Robyn Hode beendet die fröhliche Zeit im Wald gleich doppelt – erstens dadurch, dass Robin sich in königliche Dienste begibt, auch wenn er freiwillig wieder von dort zurückkehrt, und zweitens durch seine heimtückische Ermordung. Die Unbeschwertheit der Balladen ist dahin. In den Balladen ist Robin eine zeitlose Figur; der Gesetzlose an sich, der sich seine Freiheit immer wieder erfolgreich bestätigt und, selbst wenn er grausam und brutal agiert, doch einen stolzen Optimismus verströmt. In der *Gest* verhält es sich anders: Durch die Interaktion mit dem Ritter erleben wir, dass die ‹gute alte Zeit› im Grunde schon vorbei ist. Für echte Ritter ist auf dieser Welt kein Platz mehr: Gesetzlose müssen sich ihrer annehmen und sie finanziell wieder auf die Beine stellen. Aber auch für die echten Gesetzlosen ist das lustige Räuberleben im grünen Wald keine dauerhafte Alternative mehr. Folglich durchläuft Robin eine Art Karriere in mehreren Schritten, von denen jedoch keiner wirklich befriedigt. Schließlich wird er umgebracht. Ist auch er ein historisches Relikt geworden, das keine wirkliche Rolle mehr hat?

Stephen Knight hat Robins Rückkehr nach Barnsdale letztlich als Bestätigung des demokratischen Mythos gedeutet. Der geläuterte Robin kehrt dorthin zurück, wo er wirklich zu Hause ist, von den Versuchungen des Hofes ist er geheilt. Das stimmt. Doch ebenso richtig ist, dass Robin in diesem Text kein rein demokratischer Anführer mehr ist, dass er die Herrschenden nicht nur bekämpft, sondern dass er auch versucht, sie auf ihrem eigenen Gebiet zu übertrumpfen oder sich mit einigen von ihnen zu verbünden, und sich zumindest zeitweilig von ihnen korrumpieren lässt. Damit hat Robins Wald seine Unschuld verloren, und auch Robin selbst ist nicht mehr der ewig zeitlose Bursche. Er wird vielmehr zum literarischen Helden, der durch Verrat enden muss. Auf diese Weise offenbart der Text, dass sein eigener sozialer Ort unsicher ist. Robin bekämpft die Mächtigen und ihre notorisch korrupte Justiz – und das war die englische Justiz des Spätmittelalters wirklich –, aber er scheint sich seiner Alternative im Wald nicht mehr so sicher zu sein und spielt dort selbst ein wenig die Rolle der Obrigkeit. Die Gestalt des Gesetzlosen nimmt damit konservative Züge an. Es ist, als wolle der Text ihn zur Kultur der Obrigkeit in Beziehung bringen, anstatt ihn einfach als klaren Gegner der Herrschenden zu inszenieren. Die *Gest*, so scheint es, glaubt nicht mehr recht an die radikaldemokratischen Werte der Gesetzlosen, ohne aber in der Lage zu sein, etwas anderes an die Stelle dieser Werte zu setzen. Damit deutet sich der Weg zu einem neuen Robin an – zu einem, den die herrschenden Schichten für sich entdecken können und werden.

6. Die Robins der Frühen Neuzeit

Im Jahre 1510 wurde Englands Königin Katharina in ihren Gemächern von einer Truppe ungebetener Besucher überrascht, die ihr und ihren Hofdamen einen mächtigen Schrecken einjagten; so jedenfalls berichtete es der Chronist Edward Hall fast dreißig Jahre später. Die Eindringlinge hatten sich Kapuzen über die Köpfe gezogen, waren ganz in Grün gekleidet sowie mit Pfeil und Bogen, Schwert und Rundschild bewaffnet. Schnell stellte sich heraus, dass es sich dabei um den Gemahl der Königin, Heinrich VIII. (1509–1547) aus dem Hause Tudor, und eine Gruppe junger Adliger aus seinem Gefolge handelte. Man unterhielt die Damen mit Musik und Tanz und verschwand wieder. Die kleine Inszenierung stellte offenbar einen romantischen Scherz dar.

Fünf Jahre später ritten König und Königin mit ihrem Gefolge an einem Hügel namens Shooters Hill vorbei, als ihnen plötzlich eine Truppe von zweihundert grün gewandeten *yeomen* den Weg versperrte und sie einluden, mit ihnen in den Wald zu kommen. Nachdem der Monarch seine Gattin höflich gefragt hatte, ob sie sich auf dieses Abenteuer einlassen wolle, folgte man den Männern, die sich als Gesetzlose ausgaben. Auf einer Lichtung stieß man auf einen Pavillon aus Ästen, in dem

Robin Hood als König des Waldes seinen monarchischen Kollegen empfing und ihm ein Mahl anbot. Da die Gesetzlosen im Wald nur von Wild lebten, müssten die hohen Gäste damit zufrieden sein. König und Königin erklärten sich einverstanden und genossen sodann ein Festmahl im Grünen, das ihnen in Wirklichkeit von ihrer eigenen Garde ausgerichtet wurde. Diese Berichte aus dem fröhlichen und luxuriösen Hofleben des jungen Tudorherrschers sind ein Indiz dafür, dass die Robin-Hood-Gestalt Anfang des 16. Jahrhunderts dabei war, sich ein neues Publikum zu erschließen. Nun konnte der Gesetzlose offenbar als Inspiration für höfischen Zeitvertreib dienen. Es versteht sich wohl von selbst, dass ein Robin, der König und Königin im Wald höfische Kurzweil bietet, nicht primär als Verkörperung gewaltsamer Rebellion dienen kann.

Tatsächlich spaltet sich das schillernde Bild Robins ab 1500 zusehends auf. Es entstehen verschiedene Robins, die unterschiedliche Rollen verkörpern, unterschiedliche Zielgruppen ansprechen und unterschiedliche politische Positionen einnehmen. Diese Veränderungen haben auch damit zu tun, dass die gesellschaftlichen Verhältnisse im 16. Jahrhundert in mancherlei Hinsicht stabiler wurden. Viele bäuerliche *yeomen* waren inzwischen weiter aufgestiegen, so dass sie ökonomisch und sozial zur niederen *gentry*, zu den *gentlemen*, aufschließen konnten. Zudem begannen die Bevölkerungszahlen in der zweiten Hälfte des Jahrhunderts wieder zu steigen und überschritten heutigen Schätzungen zufolge gegen Ende des Jahrhunderts die Vier-Millionen-Marke. Zwar waren das immer noch deutlich weniger als die sechs Millionen Menschen, die vor der Pest in England gelebt hatten. Aber es bedeutete, dass sich die Situation auf dem Arbeitsmarkt wieder stärker zugunsten der Besitzenden zu entwickeln begann. Die gesellschaftlichen Verhältnisse wurden im Laufe des Jahrhunderts paradoxerweise auch dadurch gefestigt, dass in der ersten Phase der englischen Reformation unter Heinrich VIII. der Besitz der Klöster enteignet und verkauft wurde, was 1534 mit der Auflösung kleinerer Klöster begann, sich wegen der Finanznot der Krone verselbständigte und schließlich ab 1540 zum Ausverkauf des Klosterbesitzes führte. Dabei han-

delte es sich zwar nicht um das gesamte Kirchenvermögen, das
gegen Ende des Mittelalters ein Drittel allen Landbesitzes in
England ausmachte. Dennoch stellt die Enteignung der Klöster
die größte Veränderung der Eigentumsverhältnisse dar, die England nach der Normannischen Eroberung erlebt hat. So radikal
der Schritt war und so revolutionär er vielen Zeitgenossen vorkam, waren seine Folgen insbesondere aus der Perspektive der
herrschenden Klassen gesellschaftlich stabilisierend. Von der
Besitzumschichtung profitierten ganz überwiegend diejenigen,
die bereits sehr wohlhabend waren und es sich leisten konnten,
den einstigen Besitz der Abteien aufzukaufen: der hohe Adel,
die *gentry* und die wohlhabenden *yeomen*, aber auch städtische
Juristen und Kaufleute, die in Grundbesitz investierten und nach
dem sozialen Ansehen strebten, das dieser garantierte.

Wandel und Ende der Robin-Hood-Spiele

Bald nach 1500 dringt jenes weibliche Element in die Legende
ein, das man heute fast automatisch mit Robin verbindet: Maid
Marian, die Frau an seiner Seite. Sie taucht zuerst in den *play-
games* auf. Ihr Erscheinen ist unterschiedlich erklärt worden.
Für manche Beobachter setzt sie Robins mythische Rolle als
Summer King fort und vollendet logisch die Fruchtbarkeitssym-
bolik, die sich in den *play-games* manifestiert. Offenbar haben
aber auch literarische Quellen dazu beigetragen, Marian als Figur zu etablieren. Dies lässt sich vor allem über ihren Namen
herleiten. Um das Jahr 1282 hatte der französische Dichter und
Komponist Adam de la Halle das sogenannte *Li Jus de Robin et
de Marion* gedichtet und komponiert. Dieses musikalische
Schauspiel gilt als das erste weltliche Theaterstück der französischen Literaturgeschichte. Es handelt von der Schäferin Marion und ihrem Geliebten Robin, deren Beziehung bedroht
wird, als ein Adliger versucht, Marion zu verführen. In der ersten Hälfte des Stückes weist Marion den Ritter ab, in der zweiten entführt der Ritter Marion. Robin holt Hilfe, Marion kann
sich befreien. Das Stück endet mit einem Fest der Schäfer. Ob
und wie Elemente dieses Stückes in England bekannt wurden,

ist umstritten. Immerhin besteht durch seine Verbindung mit Maibräuchen und Pfingstfesten eine gewisse Parallele zum englischen Kontext: In den 1390er Jahren wurde es beispielsweise regelmäßig zu Pfingsten in Angers aufgeführt. Angers liegt gerade noch nahe genug an den englischen Besitztümern um Bordeaux, dass man sich zumindest vorstellen kann, wie die Kenntnis des Stückes von dort nach England gelangt sein könnte. Dass eine solche Tradition gerade über Bordeaux nach England hätte wandern können, ist jedenfalls nachvollziehbar. Die Gegend um Bordeaux war im späten Mittelalter mit England wirtschaftlich und politisch eng verflochten: wirtschaftlich, weil die Engländer von dort ihren Wein importierten, der für die Inselbewohner damals ebenso wichtig war wie Bier; politisch, weil diese Gegend dem englischen König in seiner Eigenschaft als Herzog von Aquitanien als Lehen der französischen Krone gehörte und erst 1451, als der Hundertjährige Krieg in sein Endstadium trat, an die Franzosen verloren ging.

So harmlos sich die neu hinzugekommene Marian als mythische ‹Summer Queen› auf den ersten Blick ausnimmt, so wichtig ist das politische Signal, das sie setzt. Indem sie Robin in eine heterosexuelle Beziehungsstruktur einbindet, schränkt sie das vorher bestehende anarchische Moment der gewalttätigen homosozialen Gruppe junger Männer ein. Sie spielt eine zivilisierende Rolle, indem sie Robin in die gemischtgeschlechtliche Paarstruktur und damit auch in die Gesellschaft einbindet. An die monogame, institutionell in der Ehe verankerte Heterosexualität – Robin hätte ja auch ungezügelten Geschlechtsverkehr mit vielen Frauen (und/oder Männern) haben können – knüpfen sich unausgesprochene ökonomische, soziale und kulturelle Erwartungen, wie etwa die Gründung einer Familie und eines Hausstandes. Erst durch Marian wird es überhaupt möglich, Robin Hood dauerhaft in gesellschaftlich stabilisierende Symboliken zu integrieren, mit denen sich auch die herrschenden Klassen identifizieren können. Nicht nur in politischer, sondern auch in literarischer Hinsicht birgt die Figur Marians damit den Keim einer Entwicklung. Während die frühen Balladen ein ewiges Hier und Jetzt der Jungmänner-Bande

inszenierten, in der es weder Vergangenheit noch Zukunft gab,
scheint nun das Konzept biographischer und genealogischer
Entwicklung am Horizont auf. Literarisch gesehen, war Robin
bisher allenfalls gut für episodisches Erzählen. Dank Marian er-
öffnet sich nun die Perspektive auf komplexere Geschichten, die
am Ende vielleicht auch aus der Welt der Gesetzlosen heraus-
führen und damit ermöglichen, dass die Figur vollständig in den
herrschenden Verhältnissen aufgeht.

Marian stellt nicht die einzige Neuerung in den *play-games*
dar, die uns ab 1500 begegnet. Nun treffen wir dort auch Bruder Tuck an (engl. ‹Friar Tuck›), einen lustigen Bettelmönch.
Die Bettelorden entwickelten im späten Mittelalter neue Formen der Spiritualität und der Seelsorge. Dieser Typ religiöser
Gemeinschaft war am Anfang des 13. Jahrhunderts entstanden.
Es gab vier große Bettelorden, die Franziskaner, die Domini-
kaner, die Karmeliten und die Augustiner-Eremiten. Sie alle
bewegten sich gezielt in der sozialen Gemeinschaft der Gläubigen, anstatt sich überwiegend dem Ideal der Weltabgewandt-
heit zu verschreiben, wie es das klassische Mönchtum tat. Da
die Bettelorden im Vergleich zu den alten mönchischen Gemeinschaften über sehr viel weniger Grundbesitz verfügten,
waren sie zu ihrer Finanzierung auf das ständige Betteln eines
Teils ihrer Mitglieder angewiesen. Die mitunter zweifelhaften
Methoden, mit denen die Brüder ihre Kassen füllten, wurden
in der satirischen Literatur gern verspottet. Außerdem warf
man ihnen vor, dass ihre vielen Kontakte mit Menschen aller
Stände nicht selten in erotische Begegnungen und ungewollte
Schwangerschaften mündeten. Der schon erwähnte Dichter
William Langland ereiferte sich besonders ausgiebig über die
Gier und die sexuellen Aktivitäten der Bettelmönche. Doch bei
aller Kritik und Satire waren die Bettelorden ein fester Be-
standteil der spätmittelalterlichen Welt. Zudem bildeten sie
fast so etwas wie das intellektuelle und seelsorgerische Rück-
grat der Kirche. Vor allem an den Universitäten spielten sie eine
dominante Rolle, und dies nicht nur im Fach Theologie. Die
Gestalt Friar Tucks verkörpert somit eine Kirche, die sich in
ihrer Fehlbarkeit zwar manche Kritik gefallen lassen muss,

dafür aber einen engen Austausch mit dem Rest der Gesellschaft pflegt.

Wenn Robin bei den *play-games* nun also in einer Vierergruppe auftritt – Robin selbst, Marian, Little John und Friar Tuck –, dann wird er nicht mehr primär im Gegensatz zur Gesellschaft imaginiert. Jetzt erscheint er als Repräsentant eines sozialen Mikrokosmos, der zwar nicht die gesamte mittelalterliche Gesellschaft abbildet, aber doch wesentliche Teile, weil er nun auch die Frauen und die Kirche einschließt. Man hat spekuliert, dass sich Robins neue Vierergruppe auch besonders für bestimmte Volkstänze geeignet haben könnte, weil bei den *play-games* auch ein tänzerisches Element – unter anderem die noch heute bekannten *Morris Dances* – neben den bereits bestehenden Aspekten Schauspiel, Sport und Bier immer stärker in den Vordergrund trat. Auch dies würde dafür sprechen, dass Robin nun symbolisch in die Mitte der Gesellschaft zu rücken beginnt. Wenn der kleine, aus vier Personen bestehende gesellschaftliche Querschnitt miteinander zu tanzen beginnt, gibt es zwar immer noch Raum genug für sexuellen Humor und körperbetonte Späße, mit denen man bei Bedarf auch die Obrigkeit herausfordern kann, aber es entsteht doch zugleich so etwas wie ein Bild volkstümlicher Harmonie, das sich über die Figuren des Tanzes einstellt und Robins bedrohlichen Aspekten ihre Spitze nimmt.

Nun hätte man eigentlich erwarten können, dass Robin Hood auf diese Weise zunehmend seines politischen Potenzials entkleidet wurde und daher auch bei den Herrschenden auf immer positivere Resonanz stieß. Eigenartigerweise ist das aber nicht der Fall, im Gegenteil: Im Verlauf des 16. Jahrhunderts gehen die Behörden vor allem in den Städten immer häufiger und immer systematischer gegen das Robin-Hood-Brauchtum vor, so dass die *play-games* am Anfang des 17. Jahrhunderts fast völlig verschwunden sind. Diese Entwicklung hatte zwei miteinander zusammenhängende Ursachen. Einerseits wurde die Obrigkeit unter Elisabeth I. (1558–1603) insbesondere den unteren Volksschichten gegenüber immer misstrauischer und strenger. Dies zeigte sich zum Beispiel im Vorgehen gegen sogenannte *masterless men*, gegen Männer, die in niemandes Dienst standen und

deshalb der gesellschaftlichen Kontrolle entzogen zu sein schienen. Ein anderer Ausdruck dieser Politik war das sogenannte
Statute of Artificers, eigentlich eine ganze Serie von Gesetzen,
die zwischen 1558 und 1563 erlassen wurden, um insbesondere den städtischen Arbeitsmarkt zu regeln. Diese Gesetze
schränkten die Autonomie von Zünften und Stadtverwaltungen
ein. Sie zwangen beispielsweise den jungen Handwerkern eine
siebenjährige Lehrzeit auf und dienten unter anderem dazu, die
jungen Männer in den Städten einer stärkeren Kontrolle zu unterwerfen. Ganz allgemein waren die herrschenden Klassen der
späten Tudor-Ära geradezu obsessiv mit der Aufrechterhaltung
der öffentlichen Ordnung beschäftigt und entwickelten ein
starkes Misstrauen gegenüber Volksaufläufen, herumstreunenden Bettlern oder eben der männlichen Jugend der unteren
Schichten in den Städten.

Die Robin-Hood-Spiele waren den Behörden im Zeitalter Elisabeths I. auch aus religionspolitischen Gründen ein Dorn im
Auge. Obwohl die Spiele uns einigermaßen harmlos erscheinen,
waren sie doch im größeren Kontext eines volkstümlichen religiösen Brauchtums verankert. An das Pfingstfest und den Marienkult geknüpft, erinnerten sie insbesondere die einfache
Bevölkerung an die gute alte Zeit vor der Reformation. Der
schon erwähnte öffentliche Biergenuss etwa, der das Robin-
Hood-Volksfest begleitete, gehörte zum Typus der sogenannten
Church ales, bei denen die Bevölkerung Bier stiftete, um Geld
für die Kirchen zu sammeln. Die Robin-Hood-Spiele waren daher Teil einer religiös konnotierten Gemeinschaftskultur, die
während der Reformation zurückgedrängt wurde, weil in ihr
die Erinnerung an die Zeit vor der Reformation fortlebte, wie
sie von Bruder Tuck verkörpert wurde. Eine solche Figur musste
auffallen in einer Welt, aus der Mönche und Nonnen aller Art
verschwunden waren.

Die Sorge der Behörden wird bis zu einem gewissen Grade
verständlich, wenn man bedenkt, dass die englische Reformation weder glatt noch geradlinig verlief. Unter Heinrich VIII. war
sie zuerst aus politisch-dynastischen Gründen ausgelöst und
dann genutzt worden, um auf Kosten des Klosterbesitzes nicht

nur die Staatskasse, sondern auch die Schatztruhen der herrschenden Klassen zu füllen. Was aber die wesentlichen Glaubensgrundsätze betraf, blieben Heinrich VIII. und die Masse seiner Untertanen der alten Lehre verhaftet. Erst unter Heinrichs minderjährigem Nachfolger,, Edward VI. (1547–1553), wurde das reformatorische Projekt auch in theologischer Hinsicht umgesetzt. Doch es blieb umstritten, und während sich in relativ rascher Folge protestantische Gebetbücher und Liturgien abwechselten, die mal eher lutherisch, mal eher calvinistisch orientiert waren, verhielt sich die Masse der Bevölkerung und des Klerus zurückhaltend bis abwartend, während ihr radikalprotestantischer Kinderkönig dahinsiechte. Er wurde von seiner katholischen Halbschwester Mary (1553–1558) beerbt, die das Rad wieder zum Katholizismus zurückdrehte. Und dabei spielten die englischen Eliten durchaus mit, nachdem die neue Herrscherin ihnen signalisiert hatte, dass sie ihre Beute aus der Klösterenteignung würden behalten dürfen. Jahrhundertelang haben Englands Historiker gerade diese Königin mit Hohn und Verachtung überschüttet. Inzwischen hat sich ein revisionistisches Bild herausgeschält, dem zufolge die Herrscherin die religiösen Gefühle ihrer Untertanen wesentlich besser ansprach als ihre beiden Vorgänger. Unter ihrem Vater hatte nämlich schon die erste Welle der Klosterauflösungen 1536 zu einem gewaltigen Volksaufstand in Nordengland geführt, der sogenannten *Pilgrimage of Grace*. Hätte Mary länger als nur fünf Jahre geherrscht, wäre England heute vielleicht eine katholische Nation. Nur aufgrund der langen Regierungszeit ihrer jüngeren Halbschwester Elisabeth I. wurde dem Protestantismus schließlich die Stabilität geboten, durch die er endgültig Fuß fassen konnte. Allerdings ist die anglikanische Staatskirche in ihren äußeren Formen der katholischen auch heute noch sehr ähnlich, denn sie stellt in vielerlei Hinsicht einen Kompromiss dar, der in der englischen Geschichte immer wieder zu Konflikten geführt hat. Elisabeth I. verhielt sich besonders in den ersten Jahren ihrer Herrschaft vorsichtig und war bemüht, ihre katholisch fühlenden Untertanen vor allzu großen Zumutungen zu bewahren. Erst als der Papst die Königin 1570 exkommunizierte, wurde die Religionspolitik der Monarchin schärfer. Das in vielerlei Hinsicht geschickt ausgeklammerte religiöse Problem verwandelte sich unausweichlich in ein sicherheitspolitisches, so dass 1571 die ersten antikatholischen Gesetze erlassen wurden. Daher begann die Regierung sich nun auch gegen all jenes Brauchtum zu wenden, das irgendwie nach katholischer Tradition roch. Gerade das volkstümliche Theater aber gehörte in diesen Kontext. Robin Hood wurde ja nicht zufällig zu Pfingsten gefeiert. Und nur zehn Tage nach Pfingsten, zu Fronleichnam nämlich, gab es in vielen englischen Städten große geistliche Spiele, bei denen Wagen mit der Darstellung von weitgehend auf der Bibel beruhenden Einzelszenen, die sogenannten *pageant wagons*, durch die Stadt gezogen wurden, wobei die einzelnen Zünfte jeweils für die Ausstattung eines Wagens und die Aufführung einer bestimmten Spielszene verantwortlich zeichneten. So waren beispielsweise in jener typisch mittelalterlichen Art, in der das Blasphemische und das Heilige stets dicht beieinander lagen, die Nagelschmiede dafür zuständig, Christi Kreuzigung zu inszenieren. Bald nach 1570 fiel das geistliche Spiel behördlichen Verboten zum Opfer. Überspitzt formuliert, könnte man sagen, dass die Robin-Hood-Spiele Teil einer religiös-volkstümlichen Theatersaison waren, deren Höhepunkt mit dem Fronleichnamsfest den Leib Christi in einer Weise feierte, die der katholischen Vorstellungswelt wesentlich besser entsprach als der protestantischen.

Obwohl die Robin-Hood-Spiele als solche nur locker mit der Religion verbunden waren, gerieten sie in einen ganz bestimmten politisch-reformatorischen Sog, der öffentliche Spiele und volkstümliche Religiosität unter Generalverdacht stellte. Wir erinnern uns, dass auch der Robin Hood der Balladen religiöse Aspekte aufwies: seine Feindschaft der Institution Kirche gegenüber – vor allem gegen Mönche und Bischöfe – und seine starke Verehrung der Jungfrau Maria. Als Glaubender war Robin bei aller Kirchenkritik auch nach den Maßstäben des späten Mittelalters konventionell, ja konservativ aufgetreten. Nach der Reformation musste dieser spirituelle Konservativismus, der sich in der Verehrung der Mutter Gottes manifestierte, die protestantische Obrigkeit beunruhigen. In einem offiziell protestantisch gewordenen England war gerade der Marienkult Kennzeichen katholischen Glaubens und religiösen Empfindens. Um die emotionale Lücke zu füllen, die das Verschwinden der Marienverehrung gerissen hatte, griff die propagandistisch begabte Elisabeth I. als ‹Jungfräuliche Königin› – *Virgin Queen* – in ihrem eigenen Personenkult gezielt auf Formen und Elemente des Marienkults zurück.

Robin Hood auf der Londoner Bühne

Während unter Elisabeth I. das geistliche Spiel und die volkstümliche Schauspieltradition immer mehr unterdrückt wurden, entstand in London eine neue Form des Theaters, das sich aus vielen Quellen speiste und auch die Traditionen des mittelalterlichen Volkstheaters fortführte. Gemeint ist das Theater Shakespeares und seiner Zeitgenossen. Kein Wunder also, dass Robin Hood, kaum dass seine Spiele aus dem öffentlichen Raum verdrängt worden waren, als dramatische Figur der Londoner Bühne wieder in Erscheinung trat. Die Londoner Theater bedienten ein breites Publikum, darunter auch die gesellschaftlichen Eliten. Die Monarchin selbst beorderte die Schauspieltruppen regelmäßig an den Hof, und so mussten Shakespeare und seine Dramatikerkollegen Stücke schreiben, die einerseits die besten Kreise ansprachen, andererseits aber auch ein breites städtisches Publikum. Außerdem mussten sie – zumindest oberflächlich besehen – politisch und religiös unverdächtig sein.

Tatsächlich wissen wir von einer Handvoll Robin-Hood-Stücke, die im London Shakespeares aufgeführt wurden, auch wenn leider nicht alle von ihnen erhalten sind. Das ist nicht eben viel, wenn man bedenkt, wie theaterhungrig das Londoner Publikum war und wie kurz die Laufzeit eines Stückes zu sein pflegte. Ein Stück blieb selten länger als eine Woche im Programm, wobei es durchaus zu späteren Wiederaufführungen kommen konnte.

Das wichtigste Robin-Hood-Schauspiel jener Zeit kam im Jahre 1598 auf die Bühne und stammt aus der Feder des Dra-

matikers Anthony Munday. Der Titel als solcher ist bereits ungemein aussagekräftig: *The Downfall of Robert, Earle of Huntington*. Der hier bezeichnete Earl ist niemand anderes als Robin Hood selbst, der damit eine steile Karriere absolviert und
vom radikaldemokratischen Außenseiter unversehens zum
Spross des Hochadels aufsteigt.

Diese auf den ersten Blick überraschende Entwicklung geht im
Wesentlichen auf schottische Historiker des 15. und 16. Jahrhunderts zurück, die sich mit der Robin-Hood-Gestalt beschäftigten und versuchten, ihr einen festen Platz in der Ereignisgeschichte zuzuweisen. Der in diesem Zusammenhang wichtigste
Chronist war ein international angesehener Humanist namens
John Major, dessen viel gelesene lateinische *Historia Majoris
Britanniae* im Jahre 1521 in Paris gedruckt wurde. Der Titel enthält ein typisch humanistisches Wortspiel, denn man kann ihn
als ‹Geschichte des größeren Britannien›, aber auch als ‹[John]
Majors Geschichte von Britannien› übersetzen. Major war allerdings nicht der erste Historiker, der Robin Hood einen bestimmten Ort in der Geschichte geben wollte. Zwei seiner
Landsleute hatten dies im 15. Jahrhundert schon vor ihm versucht: Andrew of Wyntoun um 1420 und Walter Bower um
1440. Sie beide waren bemüht gewesen, Robin ein historisches
Gesicht zu verleihen. Es ist nicht ganz klar, warum gerade die
Schotten daran interessiert waren, die auch in ihrem Land beliebte volkstümliche Figur in einen gelehrten Diskurs einzubetten, während englische Chronisten Robin ignorierten. Möglicherweise war der Gesetzlose für sie deshalb attraktiv, weil er
eben die *englische* Obrigkeit bekämpfte. Die schottische Literatur des Spätmittelalters beschäftigte sich immer wieder mit dem
Thema der Verteidigung der schottischen Unabhängigkeit gegen
die Engländer. Diese hatten vor allem unter Edward I. (1272–
1307) versucht, die Souveränität ihres nördlichen Nachbarkönigreiches zu beschneiden, nachdem es ihnen vorher schon gelungen war, Wales zu erobern. Die Reimchronik Andrews beispielsweise beschäftigt sich ausgiebig mit den Taten eines der
Anführer des schottischen Widerstandes, William Wallace. Sie
widmet Robin und Little John immerhin vier Zeilen und bietet

die knappen Informationen, dass die beiden Gesetzlosen hoch
angesehen gewesen seien und ihre Wirkungsstätte in Inglewood
und Barnsdale gehabt hätten. Interessanterweise platziert Andrew of Wyntoun Robin und John in seinem Eintrag für das Jahr
1283, womit er der erste Historiker ist, der einen Zeitraum für
die Existenz Robins nennt. Der von Andrew benannte historische Moment liegt zwar anderthalb Jahrzehnte vor dem Aus-
bruch der Kämpfe zwischen den schottischen Rebellen und der
englischen Besatzungsarmee, aber es ist genau das Jahr, in dem
es Edward I. gelang, die Waliser vollständig zu unterwerfen. Es
sieht so aus, als wollte Andrew andeuten, dass das expansionis-
tische Regime Edwards I. sogar in England auf Widerstand ge-
stoßen sei. Die englischen Gesetzlosen werden also indirekt als
Kronzeugen für den erwachenden schottischen Nationalismus
aufgerufen. Walter Bower wiederum datierte Robin und Little
John in das Jahr 1266, in die Zeit des Bürgerkriegs zwischen
Heinrich III. und den englischen Baronen unter Simon de Mont-
fort. Eine Verbindung zu Schottland wird hier jedoch weder direkt noch indirekt angestrebt. Aber immerhin hatten die beiden
Historiker das Datierungsproblem auf die Tagesordnung gesetzt.
  Als John Major Robin Hood dann in seinem Geschichtswerk
erwähnte, wählte er wieder ein anderes Datum, nämlich 1196.
Damit gelang ihm eine der wichtigsten Neujustierungen der Legende, die bis heute wirkungsvoll geblieben ist. Er verlegt Robin
Hoods Aktivitäten in das England von Richard Löwenherz
(1189–1199) und seinem Bruder, Prinz John. Majors Datierung
war genauso spekulativ wie die seiner beiden Vorgänger, aber
ihre politischen Implikationen sind gewaltig. Denn der somit
vordatierte Robin wird in eine Welt verpflanzt, in der die mo-
narchische Autorität gefährdet ist. So kann der Gesetzlose als
Opfer einer ungerechten, nämlich nicht legitimen Herrschaft –
der des Prinzen John – dargestellt werden, gegen die er sich
wehren darf und im Namen des rechtmäßigen Königs sogar
muss. Diese Variante der Datierung bietet ganz neue Möglichkeiten, um Robin politisch zu instrumentalisieren. Denn als
Gegner Prinz Johns wird er fast zwangsläufig zum Anhänger
Richards, des rechtmäßigen Herrschers. Damit sind die Rollen

vertauscht, der Gesetzlose ist der eigentliche Anhänger der Legitimität, während der Prinz als Verräter am monarchischen System dasteht. Robin steigt so zum Verteidiger der politischen Ordnung auf, die letztlich nur deshalb aus den Fugen geraten ist, weil einer ihrer Vertreter seiner Rolle moralisch nicht gewachsen war. Damit wird nicht die politische und gesellschaftliche Ordnung als solche in Frage gestellt, sondern nur einer ihrer irregeleiteten Repräsentanten bestraft. Sobald dieser Einzelne erfolgreich in die Schranken gewiesen worden ist, kann das System in Ruhe weiter funktionieren. Der radikaldemokratische Gesetzlose ist nun vollständig in das System eingebunden. Major selbst führte dies nicht aus, er lässt Robin nicht ausdrücklich für den ‹guten› König Richard kämpfen. Aber spätere Autoren konnten sich der in dieser Datierung angelegten Struktur bemächtigen, und Richard Löwenherz wurde folglich zu einem wichtigen Teil der Legende. Keiner der großen Robin-Hood-Filme des 20. Jahrhunderts kommt ohne ihn oder seinen jüngeren Bruder John aus.

Noch ein anderes Moment, das wir heute geradezu reflexhaft mit Robin Hood verbinden, wird bei Major erstmals erwähnt: dass Robin den Armen gab, was er den Reichen nahm. Wörtlich übersetzt, heißt es bei Major: «Nie ließ er es zu, dass einer Frau ein Unrecht getan wurde, noch beraubte er die Armen, sondern machte sie reich durch das, was er den Äbten genommen hatte.» Sowohl in den Balladen als auch in der *Gest* formulieren Robin und die Seinen die Regel, dass arme Leute nicht beraubt werden dürfen. In der *Gest* wird dies sogar noch auf gute Ritter und *squires* ausgedehnt. Wenn es in diesen frühen Texten hin und wieder heißt, Robin habe den Armen Gutes getan, dann ist damit keine ökonomische Umverteilungspolitik gemeint. Er tritt höchstens als ein Verteidiger des Gerechtigkeitsgedankens gegen die Willkür und Korruption der Obrigkeit auf. Und auch John Major, der Robin unzweideutig als Bandit darstellt – wenngleich als einen besonders humanen –, entwickelt in seiner Chronik alles andere als ein vollständiges Umverteilungsprogramm. Genau genommen sind es die Äbte, die auch schon in den Balladen und der *Gest* kritisch gesehen werden, deren Besitz zur Verteilung an die Armen herhalten muss. Auf diese Weise zeigt sich Major auch als guter Humanist, denn die Mönche waren nicht selten Zielscheibe humanistischen Spotts. Indem er den Armen gibt, was er den Äbten raubt, übernimmt Robin die Rolle eines Almosenverteilers, also eine soziale Funktion, die die reichen Klöster aus der Sicht ihrer Kritiker nicht in ausreichendem Maße ausführten. Weil die Klöster ihre mildtätigen Pflichten vernachlässigen, muss eben der Gesetzlose einspringen. So gesehen, bestünde der Ursprung des Hood'schen Umverteilungsprinzips in der Verlängerung oder Fortsetzung der traditionellen kirchlichen Armenfürsorge. Von einem sozialrevolutionären Anspruch im eigentlichen Sinne kann bei Major also nicht gesprochen werden, denn das Almosenprinzip ist seiner Grundstruktur nach paternalistisch: Es will an den grundlegenden gesellschaftlichen und wirtschaftlichen Verhältnissen nichts ändern. Dennoch hat Major das Motiv des ‹den Reichen nehmen, um den Armen zu geben› in die Robin-Hood-Legende eingeführt und so das vergleichsweise unspezifische Gerechtigkeitsthema der Balladen um eine ökonomisch-soziale Dimension erweitert, deren Prinzipien jedoch zunächst konservativ bleiben.

Spätere englische Historiker des 16. Jahrhunderts (Grafton, Stow) übernahmen Majors Datierung und bemühten sich nach Kräften, Robin als eine gesellschaftlich besser gestellte Persönlichkeit darzustellen. Aber erst der Dramatiker Munday verwandelte Robin in einen Grafen, einen *earl*, dem Titel und Besitz durch die hinterlistigen Machenschaften seiner Feinde abhandenkommen, was im Deutschen in der Formel des ‹Rächers der Enterbten› anklingt.

Munday war ein vielseitiger Autor, der außer Theaterstücken auch Prosawerke verfasste und ganz nebenbei als Agent der Regierung den Katholiken hinterherspionierte. Dieser Tätigkeit war auch sein berühmterer Kollege Christopher Marlowe nachgegangen – mit tödlichen Folgen. Mundays Bearbeitung des Robin-Hood-Stoffes lässt ihn auch in literarischer Hinsicht wie einen Agenten der protestantischen Regierung erscheinen: Robins schlimmste Feinde sind allesamt Männer der Kirche, so dass die englische Kirche des Mittelalters mit der katholischen

Kirche der Gegenwart im 16. Jahrhundert gleichgesetzt wird.
Prinz John erweist sich zwar als Bösewicht, aber eher in persönlicher als in politischer Hinsicht. Er ist nur deshalb Robins
Feind, weil dieser nun einmal Marians Partner ist, die in diesem
Stück allerdings Mathilda heißt, bevor sie vor den Nachstel-
lungen des Prinzen in den Wald flüchtet. Das Thema der sexuellen Rivalität ist ein betont unpolitisches, denn wo die Dinge von
Herzen kommen – auch die bösen –, stellt sich die Frage nach
der Legitimität politischer Macht überhaupt nicht mehr. Im Üb-
rigen verhält sich Robin ganz wie ein Aristokrat. Im Wald müssen ihn die anderen Gesetzlosen bedienen und sich seinen An-
ordnungen fügen. Das Waldleben hat zudem den Charakter der
frühneuzeitlichen Schäferdichtung, in dessen romantisiertem
Arkadien aristokratische Figuren im Hirtengewande ihren komplexen Liebesbeziehungen nachgingen. Nie kommt der Gedanke auf, dass es sich um einen realistischen Wald handeln
könne. Auch dieses aus der pastoralen Lyrik stammende Element hat politische Implikationen, denn für Robin kann das
künstliche Schäferambiente des Waldes höchstens Durchgangs-
station sein, ein ungewollter Urlaub gewissermaßen. Als Gesetzloser wider Willen ist es sein wichtigstes Ziel, wieder in die
aristokratische Welt zurückzukehren. Auffälligerweise verzichtet das Stück weitestgehend darauf, sich auf die bekannten Balladen oder die *Gest* zu stützen. Um seinen aristokratischen Robin erfinden zu können, distanziert sich Munday also von der
bestehenden volkstümlichen Robin-Hood-Tradition.

Ursprünglich hatte Mundays Stück wahrscheinlich mit Robin
Hoods Tod und Maid Marians Eintritt in ein Kloster enden sollen. Aber wir wissen aus dem Tagebuch des Theaterunterneh-
mers Philip Henslowe, der das Stück für seine Truppe, die ‹Lord
Admiral's Men›, in Auftrag gegeben hatte, dass ein zweiter be-
kannter Bühnenautor namens Henry Chettle engagiert wurde,
um das zu lang geratene Stück zu überarbeiten. Er schneiderte
aus dem überbordenden Material noch ein zweites Drama, *The
Death of Robert, Earle of Huntington*. Im ersten Akt dieses
Dramas kommt Robin zu Tode, und der Rest handelt davon,
wie Prinz John erfolglos versucht, Maid Marian für sich zu ge-

winnen. Es gelingt der Heldin am Ende, ihre Jungfräulichkeit zu bewahren, indem sie sich ins Kloster flüchtet. Obwohl nicht von höchster literarischer Qualität, erwies sich das Robin-Hood-Tandem Mundays und Chettles doch als Publikumserfolg.

Dieser Erfolg rief die Konkurrenz auf den Plan. In seiner nicht viel später geschriebenen Komödie *Wie es Euch gefällt* (engl. *As You Like It*, 1599/1600) greift Shakespeare diverse Robin-Hood-typische Motive auf, und es ist sehr wahrscheinlich, dass er damit auf Mundays Stück anspielt. In der kleinen, an Rivalitäten und Feindschaften reichen Londoner Theaterszene beobachteten die Dramatiker ihre Konkurrenten sehr genau und pflegten die Erfolgsrezepte der anderen zu kopieren, zu übertrumpfen oder gar lächerlich zu machen. In Shakespeares Komödie hat sich ein abgesetzter Herzog mit seinen Getreuen in den Wald zurückgezogen. Dorthin folgt ihm Orlando, ein enterbter junger Adliger, der sich zwar nicht durch Bildung, wohl aber durch ein gutes Herz, Mut und Ringkampfkünste auszeichnet. Er verliebt sich gleich am Anfang in Rosalind, die Tochter des Herzogs, und darf sie am Ende heiraten. Den größten Teil des Stückes hindurch tritt Rosalind als junger Mann verkleidet auf und bemüht sich, den gutwilligen, aber ein wenig ungeschlachten jungen Mann zu zivilisieren.

In *Wie es Euch gefällt* werden der Herzog und sein Exil-Gefolge ausdrücklich mit Robin Hood verglichen, was die Zuschauer dazu ermuntert, die typischen Motive der Robin-Hood-Welt wiederzuerkennen: den Wald, die (allerdings gentrifizierten) Gesetzlosen und nicht zuletzt den sportlichen Wettkampf. Das alles kann man auf den ersten Blick für recht oberflächliche Anklänge halten. Dahinter verbirgt sich jedoch eine schon im Mittelalter bestehende Alternative zur Robin-Hood-Tradition, die wir an dieser Stelle nur kurz streifen können. Sie muss erwähnt werden, weil sie sich spätestens auf der elisabethanischen Bühne mit der Robin-Hood-Legende im engeren Sinne vermischt und sie um ein wichtiges Element buchstäblich ‹bereichert›, die Idee der Enterbten.

Hierbei handelt es sich um die Tradition der *adligen* Gesetzlosen, von denen wir etliche noch heute mit Namen kennen. Im

spätmittelalterlichen England herrschte große Rechtsunsicherheit. Zum einen hatte dies mit der grundsätzlichen Schwäche
des mittelalterlichen Staates zu tun, dem weder eine Polizei
noch ein stehendes Heer zur Verfügung standen. Zum anderen
lag dies an der notorischen Korruption des Justizapparates, der
nicht nur hochgradig bestechlich war, sondern es zudem verstand, Englands höchst kompliziertes Rechtssystem zum eigenen Vorteil zu nutzen. Auch hier finden wir ein Beispiel für die
besondere soziale Mobilität im späten Mittelalter: Einige der
großen englischen Adelsfamilien, die im 15. Jahrhundert eine
wichtige politische Rolle spielen sollten, hatten im 14. Jahrhundert als *Juristen*familien den Grundstein für ihren gesellschaftlichen Aufstieg gelegt. Und schließlich gab es ein weiteres Problem, das die Macht von Behörden und Justiz einschränkte und
untergrub: das Phänomen des sogenannten ‹Bastard Feudalism›.
Dieser verächtlich klingende Begriff, den die Historiker des
19. Jahrhunderts erfanden, beschreibt ein System persönlicher
Beziehungen, in dem Dienste gegen regelmäßige, gehaltsähn-
liche Geldzahlungen geleistet wurden. Insbesondere die Hoch-
adligen hielten sich große Mengen von *retainers* genannten Ge-
folgsleuten, die, halb Söldner, halb Dienstboten, in den Farben
der großen Herren gekleidet waren (*livery*) und deren Abzeichen trugen (*badge*). Ein noch heute bekanntes Abzeichen dieser Art ist die aus einem doppelten, innen weißen und außen
roten Blütenkranz bestehende Rose des Hauses Tudor, das die
Beendigung der Rosenkriege (*Wars of the Roses*) zwischen den
beiden rivalisierenden Dynastien Lancaster (rot) und York
(weiß) symbolisiert.

Die *retainers* bekamen auf der Basis eines Vertrages (*inden-
ture*) eine regelmäßige Geldzuweisung (*maintenance*). Schon
durch ihre schlichte Präsenz erhöhten sie das Prestige ihres Pa-
trons, standen aber auch bei gewaltsamen Auseinandersetzungen unter Adligen zur Verfügung oder dienten der Einschüchterung von politischen Gegnern. Das System beschränkte sich
jedoch nicht allein auf solche Gefolge von bewaffneten Anhän-
gern. Es konnte genauso gut vorkommen, dass ein Adliger mit
einem hohen Londoner Juristen einen entsprechenden Vertrag

schloss, um sich dessen Dienste langfristig zu sichern, oder dass er einem gesellschaftlich niedriger stehenden Adligen in der Nachbarschaft eine vertraglich vereinbarte Summe zukommen ließ, um sich dessen Unterstützung im Bereich der Lokalverwaltung zu erkaufen. Der Aufwand für solche Gefolge konnte enorm sein. Gegen Ende des 14. Jahrhunderts zog der schon erwähnte John of Gaunt, Herzog von Lancaster, angeblich einmal mit einem Gefolge von 500 Rittern in London ein und paradierte mit dieser Privatarmee durch die Straßen bis zu seinem Palast, dem Savoy Palace, auf dessen Grund heute das gleichnamige Hotel steht. Im Parlament wurde die Praxis, sich auf diese Weise über das Recht zu stellen, immer wieder scharf angegriffen, doch erst gegen Ende des 15. Jahrhunderts gelang es der Krone, die schlimmsten Auswüchse dieses spätmittelalterlichen Gefolgschaftswesens einzuschränken.

Im 14. und 15. Jahrhundert war in England kein Verlass auf die Justiz, weil diese bestochen oder aber von einem hohen Adligen eingeschüchtert wurde und es ohnehin keine reguläre Polizei gab, die Gerichtsentscheidungen durchsetzte. Daher kam es vor, dass Vertreter des niederen Adels selbst zur Waffe griffen, um sich Recht zu verschaffen, oder gar ihre wegen der wirtschaftlichen Schwierigkeiten ab 1300 gesunkenen Einkommen durch Einschüchterung, Nötigung oder schlichten Raub aufzubessern. Wie Robin wurden sie zu Gesetzlosen. Eine solche Familie waren die Folvilles, die schon in der ersten Hälfte des 14. Jahrhunderts in Leicestershire (die ersten neun Buchstaben werden gesprochen wie die vordere Hälfte des deutschen Wortes ‹Lästermaul›) und Derbyshire, Grafschaften im nördlichen Mittelengland, ihr Unwesen trieben. Neben regulärem militärischen Dienst für die Krone bestritten sie ihr Einkommen mit Raub, Mord und Erpressung. Obwohl die Folville-Brüder erwiesenermaßen mehr als zwei Jahrzehnte hindurch Verbrechen begingen, gelang es den Behörden nie, sie dingfest zu machen. Ja, es scheint so, als hätte man sich nie ernsthaft darum bemüht, und obwohl die Brüder zwischenzeitlich zu *outlaws* – also Gesetzlosen – erklärt wurden und verschiedentlich in anderen Teilen Englands und sogar in Wales Unterschlupf suchen mussten, ging es ihnen nie wirklich an den Kragen. Im Gegenteil, es scheint sogar eine gewisse Sympathie für sie bestanden zu haben, so dass sich der sprichwörtliche Begriff der ‹Folville's Law(s)› herausbilden konnte, womit eine raue, aber letztlich gerechte Selbstjustiz gemeint war. Dass die Folvilles nie zur Strecke gebracht wurden, ist allerdings gar nicht so überraschend, denn im englischen Spätmittelalter war die Gesetzlosigkeit ohnehin eine relativ stumpfe juristische Waffe geworden. Offiziell bedeutete der Status des *outlaw*, dass der Betroffene nicht mehr unter dem Schutz des Gesetzes stand, also von jedem getötet werden konnte. Gewöhnlich aber passierte nichts dergleichen; es gab sogar einen Fall, in dem jemand, der die Gesetzlosigkeit wörtlich nahm und einen zum *outlaw* Erklärten umbrachte, wegen Mordes vor Gericht gestellt wurde. War die Gesetzlosigkeit im frühen Mittelalter unter den Angelsachsen eine schwere Strafe gewesen, die den dazu Verurteilten aus der menschlichen Gemeinschaft ausschloss – daher auch der traditionelle, entmenschlichende Begriff *wolf's head* für den Gesetzlosen –, war das Instrument im 14. und 15. Jahrhundert auch deshalb wirkungslos geworden, weil es viel zu oft angewendet wurde. Sogenannte Gesetzlose lebten nicht selten ungestört, ja sogar sozial geachtet in ihren jeweiligen Gemeinschaften. Letztlich lief das Prinzip der Gesetzlosigkeit auf eine Bankrotterklärung der lokalen Justizgewalt hinaus, denn sie bedeutete das Eingeständnis, dass dem Gesetz in der jeweiligen Situation mit anderen Methoden keine Geltung verschafft werden konnte.

Die verbrecherischen Aktivitäten der Folvilles begannen etwa um 1310, als der angesehene Ritter und Familienvater Sir Eustace Folville starb und seinen Besitz an John, den ältesten seiner sieben Söhne, vererbte. Dies ist insofern interessant, als es die sechs jüngeren Söhne waren, die die Verbrecherbande bildeten. Der Erbe des Familienvermögens hingegen hielt sich zurück. Es liegt hier also nicht nur das Problem einer wachsenden Rechtsunsicherheit und Kriminalität vor, die von einer unter wirtschaftlichen Druck geratenen Aristokratie, hoch wie niedrig, ausgeht. Es begegnet uns ein weiteres, strukturelles Problem, das die adligen Schichten Englands belastete: die jüngeren

Söhne. Im mittelalterlichen England hatte sich immer stärker das alleinige Erbrecht des ältesten Sohnes herausgebildet, so dass für jüngere Söhne gewöhnlich nichts oder fast nichts übrig blieb. Diese hatten entweder die Wahl, sozial abzusteigen und sich als Lehrlinge zu verdingen, in die Kirche einzutreten, sich im Ausland als Söldner zu betätigen oder aber im Haushalt oder Gefolge eines hohen Adligen zu dienen. Für jüngere Söhne aus dem niedrigsten Adel, die sich weder auf umfangreiche Beziehungsnetze stützen noch das Startkapital für andere Karrierewege aufbringen konnten, stellte das Leben als Dienstbote oder Gefolgsmann eine Sackgasse dar. Die sozialpsychologische Situation solcher junger Männer war kompliziert. Einerseits nahmen sie in der Gesellschaft eine untergeordnete Stellung ein, aus der sie sich nicht leicht befreien konnten, andererseits waren sie sich ihrer adligen Herkunft stets bewusst und hofften nicht selten darauf, dass der oder die ältere/n Bruder/Brüder kinderlos sterben würden, so dass sie doch noch in den Genuss des väterlichen Erbes kommen würden. Die jüngeren Brüder befanden sich in einer Lage, in der sozialer Anspruch und soziale Wirklichkeit weit auseinanderklaffen konnten.

Orlando, der jugendliche Held in Shakespeares Komödie *Wie es Euch gefällt*, verkörpert das Schicksal eines solchen jüngeren Bruders. Dabei hat Orlando auch noch das Pech, dass ihm zwar eigentlich ein eigenes Erbteil zusteht, er aber von seinem älteren Bruder darum betrogen worden ist. Auch das war im mittelalterlichen und frühneuzeitlichen England soziale Realität: Minderjährige Erben mussten oft erleben, wie ihre Vormünder mit windigen Methoden versuchten, sich ihrer Güter zu bemächtigen, diese zum eigenen Vorteil ausbeuteten oder schlicht verkommen ließen, weil sie die Mühen einer ordnungsgemäßen Verwaltung scheuten.

Orlandos Glück besteht darin, dass er Rosalind, der Tochter des rechtmäßigen Herzogs, beim Ringkampfturnier auffällt. Rosalind und Orlando verlieben sich ineinander und das junge Paar heiratet, als der rechtmäßige Herzog wieder seinen angestammten Thron besteigt. Die reiche Erbin für den armen, aber tapferen Ritter gehört zu den klassischen Wunschträumen, die in der höfischen Literatur des Mittelalters und der Frühen Neuzeit immer wieder in Erfüllung gehen.

Shakespeares Stück geht über Umwege auf einen spätmittelalterlichen Text zurück, den Geoffrey Chaucer wohl in überarbeiteter Form in seine *Canterbury Tales* hatte aufnehmen wollen, von dem aber nur eine schon vor Chaucer bestehende, relativ raue Originalfassung erhalten ist: die sogenannte *Tale of Gamelyn*. Wahrscheinlich plante Chaucer, seinem Robin-Hood-artigen *yeoman* unter den Pilgern eine stark bearbeitete Fassung der Erzählung in den Mund zu legen. Gamelyn, der Held der Geschichte, ist das literarische Vorbild für Orlando. Wie dieser ein jüngerer und möglicherweise sogar ein unehelicher Sohn, wird er von seinem Bruder um sein Erbteil betrogen. Nach einem triumphalen Sieg bei einem Ringkampfwettbewerb muss Gamelyn mit einem treuen Diener in den Wald fliehen, wo er von den Gesetzlosen aufgenommen wird. Nachdem deren Anführer begnadigt worden ist, steigt Gamelyn selbst zum König der Gesetzlosen auf. Es kommt zu einigen sehr gewalttätigen Verwicklungen, auf deren Höhepunkt der zum Gesetzlosen erklärte Gamelyn seinen Bruder und die von diesem bestochenen Geschworenen bei einer Gerichtsverhandlung umbringt. Gamelyn wird jedoch begnadigt, erhält sein Erbteil zurück und wird zum Verwalter des königlichen Waldes erhoben.

Die Handlung der Erzählung ist nicht übertrieben logisch strukturiert; gegen Ende taucht ein bislang nicht in Erscheinung getretener Bruder auf, um Gamelyn im entscheidenden Moment zu Hilfe zu eilen. Gamelyn selbst zeichnet sich durch große Körperkraft aus, schwankt aber in der Darstellung zwischen Bauernschläue und kindlicher Naivität. Paradoxerweise verbindet die Erzählung ein vertieftes Interesse an juristischen Details mit einer Vorliebe für brutale Gewalt, deren knochenbrecherische Auswirkungen auf die menschliche Anatomie in aller Breite ausgemalt werden. Ähnlich wie in den Robin-Hood-Balladen sind die Bösewichter Kleriker und Juristen, Frauen gibt es keine. Nicht einmal der hinterlistige älteste Bruder, der Repräsentant von Reichtum, Macht und Korruption, ist verheiratet. In den Kämpfen spielen nichtritterliche Waffen die wichtigste Rolle,

und die ausgedehnte Ringkampfszene offenbart eine Faszination für männliche Nacktheit im Mondenschein, die das aus
den Robin-Hood-Balladen bekannte Motiv körperlicher Intimi-
tät zwischen Männern mit seinen homoerotischen Untertönen
geradezu schwelgerisch inszeniert.

Mag in der *Tale of Gamelyn* vieles an die Robin-Hood-Balladen erinnern, so gibt es doch signifikante Unterschiede. Erstens
geht es um Besitz, und zwar Grundbesitz, also die sozial angese-
henste Form ökonomischen Kapitals im mittelalterlichen und
frühneuzeitlichen England. Insofern ist hier Reichtum an Status
geknüpft, an die Zugehörigkeit zum Adel. So etwas kommt in
den Balladen nie vor. Außerdem ist klar, dass die Protagonisten
alle einer ritterlichen Schicht entstammen. Diener treten zwar
auf, werden auch mit Namen benannt und als wichtige Nebenfiguren eingeführt, aber das Hierarchieverhältnis steht nie in
Zweifel, selbst als Gamelyn in den Wald flüchtet. Auch der
Wald ist nicht die ewige Heimat der Gesetzlosen wie in den Balladen, sondern ein Ort, den man auch wieder verlässt. Gamelyn
kann nur deshalb zum Anführer gewählt werden, weil sein Vorgänger selbst begnadigt worden ist und in die Gesellschaft zurückkehrt. Damit ist das Schema des Waldes als zeitlich be-
grenzter Rückzugsort von Anfang an etabliert.

Obwohl die *Tale of Gamelyn* offenkundig für ein Publikum
geschrieben ist, das sich mit dem Adel identifiziert, hat die Geschichte keinerlei höfische Elemente. Nie begegnen wir der ver-
feinerten Kultur, die wir mit der Aristokratie gerade in ihren literarischen Verkörperungen verbinden. Daher sind Frauen aus
diesem Text so radikal ausgeschlossen, denn sie könnten allzu
leicht als Repräsentantinnen des Höfischen gelten. Aber in *Ga-
melyns* Welt ist das Höfische, ist alles irgendwie Zivilisierte, wie
das Geld und das Recht, von Übel. Der Protagonist Gamelyn
scheint die Perspektive abgestiegener Adliger zu verkörpern, denen jeder Zugang zur großen Welt mit ihren feinen Sitten versperrt ist. Es ist ein Text für jüngere Söhne, die sich verzweifelt
an den letzten Rest ihrer adligen Herkunft klammern, obwohl
sie den Kontakt zur aristokratischen Kultur längst verloren haben. Sie träumen nicht einmal mehr von der reichen Witwe, die

ihnen ein standesgemäßes Leben erlauben würde. Auch hier drücken die Robin-Hood-ähnlichen Motive die Perspektive der Modernisierungsverlierer aus; zugleich aber unterscheidet sich der *Gamelyn*-Text durch sein mittelalterliches Standesdenken von den Robin-Hood-Balladen, mit denen er ansonsten viel gemeinsam hat.

Der *Gamelyn*-Text war schon vor Shakespeare im 16. Jahrhundert bearbeitet worden. Der Autor Thomas Lodge hatte daraus eine Romanze mit dem Titel *Rosalynd* gemacht und sie in ein fast mythisches karolingisches Frankreich verlegt. Shakespeare musste den Faden nur weiterspinnen. Indem er in seiner Komödie aber so deutlich auf Robin Hood hinweist, erinnert er sein Publikum daran, welche Unterschiede zwischen einem Text wie der Erzählung von Gamelyn und den Balladen bestanden. Denn Shakespeare kannte auch den Original-*Gamelyn*, weil dieser in zeitgenössischen Chaucer-Ausgaben abgedruckt war. Damit macht Shakespeares Komödie deutlich, dass sich hinter dem Traum vom Gesetzlosen im Grünen Wald ganz verschiedene gesellschaftliche und politische Perspektiven verstecken können, die sich bei genauerem Hinsehen sehr wohl auseinanderhalten lassen. Auch bei den *outlaws* sind nicht alle gleich. Sobald eine Robin-Hood-artige Gestalt als ‹Rächer der Enterbten› auftritt, verficht sie die ökonomischen Interessen der Besitzenden.

Um das Jahr 1600 hat die Robin-Hood-Legende damit ihre Grundstrukturen herausgebildet. Die ursprünglichen Aspekte des ewigen Gesetzlosen im Wald und seiner demokratischen Räuberbande sind durch zusätzliche, teils widersprüchliche Elemente angereichert worden, so dass Robin nun für unterschiedliche Zwecke adaptierbar ist. Neben den Robin des einfachen Volkes mit seinem allerdings mehrdeutigen Ideal des *yeoman* ist ein Robin getreten, der für gehobene Schichten attraktiv ist: Das ist der Robin, der Maid Marian liebt, der unrechtmäßig verfolgt wird, der den Wald verlassen darf und will, der ein Enterbter – also im Grunde ein Besitzender –, ja vielleicht sogar ein Graf ist. Aber wie uns Texte wie die *Gest* oder die *Tale of Gamelyn* zeigen, verbinden sich diese Elemente durchaus spannungsvoll in immer neuen Konstellationen miteinander.

7. Robin zwischen 1600 und 1900

In den dreihundert Jahren, die hier nur in einem kurzen Überblick präsentiert werden können, war Robin in vielerlei Formen präsent, die aber bis auf eine hochinteressante Neuerung – den Konflikt zwischen Angelsachsen und Normannen – alle im Wesentlichen an die bis 1600 herausgebildeten Grundstrukturen anknüpften.

Der Robin Hood der Balladen lebte weiter. Im 17. Jahrhundert traten neue Balladen hinzu und sogar im 18. entstanden noch einige. Die meisten imitierten die Erzählstrukturen und Motive der drei klassischen Balladen, andere knüpften an die *Lytel Gest* an. Auffällig ist, dass sich immer wieder unterschiedliche Handwerker mit Robin messen wollen. Fast sieht es so aus, als ob die Gesellen verschiedener Zünfte darum wetteiferten, sich wenigstens im fiktionalen Kontext der Balladen einmal mit Robin Hood im mehr oder minder sportlichen Zweikampf zu vergleichen. Die Balladen wurden im 17. Jahrhundert nicht mehr allein in Einzelblättern, in den *broadsides*, gedruckt, sondern in sogenannten *garlands*. Dies waren Hefte, in denen zwischen 12 und 27 Balladen versammelt und die oft mit einfachen Holzschnitten illustriert waren. Kleine Verlage in der Provinz legten diese *garlands* noch bis um 1840 weitgehend unverändert in ihrer inzwischen archaisch gewordenen Sprache auf, also bis in eine Zeit hinein, als die im Entstehen begriffenen modernen Geisteswissenschaften ein erstes Interesse an Robin entwickelten.

Die historiographische Beschäftigung mit ihm nimmt im 17. Jahrhundert intensivere Züge an. Es gibt erste Biographien Robins, die sich teils auf die *Gest* und die Ausführungen der erwähnten Historiker des 16. Jahrhunderts stützen und teils deutlich phantasiegeleitet sind. Unter anderem wird ein ebenso kühner wie fiktiver Stammbaum entworfen, der Robin von einem normannischen Adelsgeschlecht abstammen lässt, dessen

Vertreter 1066 mit Wilhelm dem Eroberer nach England gekommen waren. Dieser Stammbaum soll beweisen, dass Robin wirklich der rechtmäßige Earl of Huntington war. (Die Schreibweise mit ‹d› ist eigentlich die richtige, die mit ‹t› taucht seit Munday vor allem im Robin-Hood-Kontext auf.)

Im späten 17. Jahrhundert wurde sogar ein Grabstein für Robin Hood gefälscht, der in pseudoarchaischem Nordenglisch verfasst ist. Diese Fälschung gibt sich augenzwinkernd als solche zu erkennen, indem sie sich eines Datierungsschemas bedient, das scheinbar den Prinzipien des römischen Kalenders folgt, in Wirklichkeit aber eine für jeden Gebildeten durchschaubare Fehlberechnung darstellt. Der Witz lenkt unser Augenmerk auf zwei Aspekte der Entwicklung der Robin-Hood-Legende: auf den beginnenden Robin-Hood-Tourismus und auf die Tatsache, dass die These vom historisch ‹echten› Robin fast von Anfang an umstritten war. Spätestens im 18. Jahrhundert begannen die Engländer ihr Land zu Bildungs- und Erholungszwecken zu erkunden, und so finden sich über ganz England verstreut geographisch-kulturelle Phänomene wie ‹Robin Hoods Brunnen› oder ‹Robin Hoods Eiche›. Das touristische Interesse an Robin konnte nur florieren, weil man inzwischen dazu übergegangen war, ihn für eine realhistorische Person zu halten. Aber gerade weil eifrige Antiquare so beharrlich versuchten, dem Gesetzlosen eine Biographie zurechtzuschneiden und diese mit vermeintlich historischen Indizien zu unterfüttern, begannen andere Stimmen, Robin Hood im Geiste der Aufklärung jegliche realhistorische Existenz abzusprechen. Die nachhaltigsten Impulse empfing die Legende des Gesetzlosen allerdings nicht von der antiquarischen Debatte um seine wirkliche Existenz, sondern aus dem Reich der Fiktion.

Angelsachsen und Normannen

Die vielleicht wichtigste ideologische Komponente, die sich der Robin-Hood-Legende in der Zeit zwischen 1600 und 1900 beimischt und die sich seitdem hartnäckig gehalten hat, ist der Gegensatz zwischen Angelsachsen und Normannen, der immer wieder – fälschlicherweise – mit der Epoche von König Richard Löwenherz in Verbindung gebracht wird. Für dieses Element zeichnet der schottische Dichter und Romancier Sir Walter Scott (1771–1832) verantwortlich, der Robin Hood in seinem Roman *Ivanhoe* auftreten lässt und dessen ganze Handlung in den vermeintlichen Konflikt zwischen Normannen und Angelsachsen einbettet.

Scott hatte sich als romantischer Dichter sowie als Sammler und Herausgeber volkstümlicher Dichtung einen Namen gemacht, bevor er sich ab 1814 mit *Waverley* zunächst anonym dem Roman zuwandte. Romane galten damals in der englischen literarischen Welt als Gattung zweiter Klasse, die (oft) von Frauen für Frauen geschrieben und daher schon auf Grund der zu dieser Zeit gültigen Geschlechterhierarchie als minderwertig betrachtet wurden. Indem Scott mit dem Genre des historischen Romans eine neue Romangattung prägte, die sich thematisch mit dem hochangesehenen historischen Epos messen konnte, hatte er eine immense Wirkung auf die europäische Literaturgeschichte. Er gilt neben Lord Byron als einer der ersten englischsprachigen Autoren, die zu Lebzeiten internationalen Ruhm erwarben. Goethe zählte zu Scotts Bewunderern.

Scotts Typus des historischen Romans zeichnet sich dadurch aus, dass die Hauptfiguren fiktionale Charaktere sind, die in einer großen historischen Krisen- oder Umbruchsituation mit den Konflikten ihrer Zeit konfrontiert werden und sich dann für eine Seite in der Auseinandersetzung entscheiden oder wenigstens eine klare Haltung zu dem jeweiligen Konflikt entwickeln müssen. Berühmte historische Persönlichkeiten treten in den Romanen zwar auch in Erscheinung, spielen aber eher Nebenrollen. Es sind die Abenteuer und Perspektiven der fiktionalen Hauptfiguren, die die Wahrnehmung der Leserschaft beherrschen. In Scotts ersten Romanen ging es vor allem um die schottische Geschichte und die politische, religiöse und kulturelle Zerrissenheit des Landes zwischen der zweiten Hälfte des 17. und der ersten Hälfte des 18. Jahrhunderts.

Mit *Ivanhoe* wandte sich Scott im Jahre 1819 zwei neuen Themenkreisen zu: Erstens verlegte er sein Interesse von Schottland nach England, nicht zuletzt um ein größeres Publikum zu erreichen, und zweitens wagte er den großen Sprung zurück ins Mittelalter. Allerdings war dieser Sprung für ihn durchaus konsequent, denn schon in seinen schottischen Romanen war es ihm immer um eine Art Modernisierungsproblem gegangen: Thematisiert wurde, wie ältere kulturelle Gepflogenheiten, Bräuche oder Lebensformen weiterleben oder vergehen. Dabei interessierte er sich besonders dafür, welches politische Unheil droht, wenn Kulturen an ihren ästhetisch faszinierenden, aber nicht mehr zeitgemäßen Traditionen festhalten. Zugleich beschäftigte sich der Jurist Scott mit rechtsgeschichtlichen und konstitutionellen Problemen; und gerade diese Interessen spiegeln sich im Roman im Konflikt zwischen Normannen und Angelsachsen.

Ivanhoe spielt in der Regierungszeit von König Richard Löwenherz (1189–1199) und handelt von der Gegnerschaft zwischen den wenigen noch vorhandenen Vertretern der alten angelsächsischen Aristokratie und den (eigentlich nicht mehr ganz so) neuen Herren, den französischsprachigen Normannen, deren feudales System alles traditionell Englische, bis hin zur Sprache, unterdrückt. Der Konflikt wird noch durch die korrupte Regentschaft Prinz Johns und seiner Kamarilla angeheizt. Diese versucht Cedric of Ivanhoe, den Vater des Protagonisten Wilfred of Ivanhoe, um seinen Besitz sowie um sein Mündel, Lady Rowena, zu bringen. Wilfred und Rowena lieben sich. Zwei dramatische Ereignisse stehen im Zentrum der Handlung: ein grandioses Turnier, bei dem Wilfred gemeinsam mit einem geheimnisvollen schwarzen Ritter kämpft, der sich später als Richard Löwenherz entpuppt, und die Belagerung der Burg Torquilstone durch Ivanhoe und Locksley – wie sich Robin Hood hier nennt. Nachdem die Burg erobert und Rowena aus den Klauen der bösen Normannen befreit ist, dürfen Wilfred und Rowena heiraten. Robin tritt hier zwar nur als Nebenfigur auf, aber er ist der Anführer des angelsächsischen Volkes, das dem angelsächsischen Adligen zu Hilfe kommt, als dieser gegen die Normannen kämpft.

Scott überträgt hier sein durch seine schottische Herkunft bedingtes Interesse an einer kulturell und politisch zerrissenen Nation auf die englische Geschichte. Ashby-de-la-Zouch, der Ort, an dem das große Turnier stattfindet, steht emblematisch für dieses Konzept. Denn der Ortsname bringt wie kaum ein anderer die verschiedenen Epochen der früh- und hochmittelalterlichen Geschichte Englands mit ihren Eroberungen, Besiedelungen und sprachlichen Veränderungen zum Ausdruck. ‹Ash› ist ein englisches Wort, das für ‹Esche› steht; das Ortsnamenelement ‹-by› ist dänischen Ursprungs und lässt sich als ‹Ort› oder ‹Dorf› übersetzen und mit ‹de la Zouch›, das den Grundherrn bezeichnet, wird die Umverteilung des Landbesitzes nach der Eroberung Englands durch den Normannenherzog Wilhelm im Jahre 1066 angezeigt.

Politisch und verfassungstheoretisch greift Scott in *Ivanhoe* auf den Mythos vom *Norman Yoke*, vom ‹Normannischen Joch›, zurück. Der Begriff selbst erscheint schon bei einem hochmittelalterlichen Geschichtsschreiber, Ordericus Vitalis, aber das ideologische Konstrukt, das wir heute damit verbinden, ist deutlich jünger. Es hat sich in den englischen Verfassungskonflikten, Bürgerkriegen und Revolutionen des 17. Jahrhunderts herausgebildet. Dieses Konzept besagt, dass England vor der normannischen Eroberung ein altes, auf freiheitliche Traditionen gegründetes germanisches Rechtssystem besessen habe, das die Normannen durch ein autoritäres, den Absolutismus des 17. Jahrhunderts vorwegnehmendes Feudalsystem abgelöst hätten. Das englische *Common Law*, bei dem die über Jahrhunderte gesammelten Gerichtsentscheidungen, sogenannte Präzedenzfälle, neben die eigentliche Gesetzgebung (*Statute Law*) treten, galt in Kombination mit dem englischen Geschworenenwesen als Inbegriff eines spezifisch angelsächsischen Rechtsverständnisses, das den Zugriff des Monarchen auf die Rechtsprechung stark einschränkte. Dieses Geschichtsbild sah in der Magna Carta von 1215, die der englische Adel König John abtrotzte, eine erste Manifestation des englischen Freiheitsstrebens gegen das Normannische Joch. Die Magna Carta garantierte allen freien Männern Englands bestimmte Rechte, wie einen ordentlichen Gerichtsprozess oder den Schutz vor willkürlicher Besteuerung. Da sich diese Rechte ausdrücklich nur auf Freie bezogen, waren allerdings etwa 90 Prozent der Bevölkerung ausgeschlossen. Neben zahlreichen juristischen und verfassungsrechtlichen Fragen regelt das Dokument eine ganze Reihe von damals aktuellen politischen Problemen – von den Privilegien der Stadt London über den Umgang mit walisischen Geiseln bis hin zum Ausschluss bestimmter Günstlinge des Herrschers von allen Ämtern. Moderne Historiker sind daher vorsichtig, die Magna Carta zum Gründungsdokument der britischen und amerikanischen Verfassungsgeschichte zu erklären. Im 17. Jahrhundert sah man das anders, zumal sich der Gedanke vom *Norman Yoke* wunderbar mit anderen historischen Großerzählungen verbinden ließ, beispielsweise mit derjenigen von der protestantischen Nation England, der es gelungen war, den autoritären römischen Katholizismus abzuschütteln.

Im 18. Jahrhundert wurde die Vorstellung vom *Norman Yoke* dann Teil einer wirkmächtigen Interpretation der englischen Geschichte, der sogenannte *Whig-History*, benannt nach der im 18. Jahrhundert dominanten parlamentarischen Formation, den Whigs, aus denen im 19. Jahrhundert die Liberale Partei hervorging. Diese *Whig-History* entwickelte sich weiter und feierte im 19. und 20. Jahrhundert die evolutionäre Entwicklung der britischen Demokratie aus einer geradezu rassisch begründeten Freiheitskultur der germanischen Angelsachsen. Wie wichtig diese Deutung der englischen Geschichte war, belegt ihr Sprung über den Atlantik. Thomas Jefferson, einer der Gründerväter der US-amerikanischen Nation, schlug sogar vor, dass man das Siegel der neu gegründeten Republik mit Hengest und Horsa schmücken solle. Hengest und Horsa waren der historischen Legende zufolge im fünften Jahrhundert nach Christus die angelsächsischen Eroberer des von Kelten bewohnten Britannien gewesen. Sie hatten in Jeffersons Augen den Geist germanischer Freiheit auf die Britischen Inseln gebracht, der nun in noch reinerer Form in Amerika weiterlebte.

Heute ist diese Art der teleologischen Geschichtsschreibung aus vielerlei Gründen verpönt. Für die Epoche Sir Walter Scotts jedoch erklärte dieses Geschichtsbild das Spezifikum der britischen Verfassung, das England sowohl vor den Auswüchsen des französischen oder spanischen Absolutismus bewahrt habe als auch vor der Französischen Revolution. Jedoch gab es neben der konservativen Variante des *Norman Yoke*, die Tradition und Herkommen betonte, durchaus auch eine linke Deutung, die von radikalen Bewunderern der Französischen Revolution verfochten wurde. Die Idee vom *Norman Yoke* konnte sowohl zur Legitimation des politischen Status Quo im frühen 19. Jahrhundert, das heißt der Herrschaft der *gentry*, eingesetzt werden als auch – wenngleich von einer Minderheit – als ideologisches Kampfmittel für die radikale Demokratie im Sinne einer politischen Teilhabe für alle Männer und nicht nur für die Besitzenden.

Diese Mehrdeutigkeit der dominanten englischen Geschichtsinterpretation erkennt implizit auch der konservative Sir Walter Scott an. Denn als Wilfred of Ivanhoe seine geliebte Rowena aus den Fängen der Normannen befreien will, die sie auf Burg Torquilstone gefangen halten, muss er sich auf den ebenso heldenhaften wie schwer durchschaubaren Locksley stützen, eben auf Robin Hood, der mit seinen Bogenschützen aus dem Wald die Erstürmung der Burg erst möglich macht. So eindrucksvoll Locksley auch ist, er bleibt im Roman eine Nebenfigur, zu der der Erzähler offenkundige Distanz wahrt. Aus Scotts Sicht erweist sich die Tyrannei der Normannen schon deswegen als falsch, weil sie das Volk zur Rebellion provoziert – und alles, was nach Revolution riecht, ist von Übel.

Doch tauchen die bösen Normannen seit Sir Walter Scott immer wieder in der Robin-Hood-Legende auf und liefern somit eine quasi ethnisch begründete Legitimation des Widerstandsrechts des freien Mannes gegen Feudalherrschaft und königliche Willkür. Zugleich aber ermöglichte es die Integration des Gegensatzes von Normannen und Angelsachsen in die Robin-Hood-Legende, in dem Gesetzlosen einen typisch englischen, einen nationalen Helden zu sehen. Gerade das machte Robin Hood für das 19. Jahrhundert interessant und trug dazu bei, das Überleben seiner Legende bis ins 20. Jahrhundert und darüber hinaus zu sichern.

8. Robin auf der Leinwand

Dass die Robin-Hood-Legende bis in unsere Gegenwart so bedeutend bleiben und sich von einem auf die englischsprachige Sphäre beschränkten in ein weltumspannendes Phänomen verwandeln konnte, verdankt sie vor allem dem Film und dessen kleinerer Variante, dem Fernsehen. In diesem Kapitel werden diejenigen Filme (und eine Fernsehserie) exemplarisch diskutiert, die der Robin-Hood-Gestalt in besonders kreativer Weise den Stempel des 20. und in einem Fall den des 21. Jahrhunderts aufgedrückt und die politischen Implikationen der Figur besonders deutlich zum Ausdruck gebracht haben. Natürlich ist diese Beschränkung bedauerlich, denn alle Robin-Hood-Verfilmungen verdienten es, hier erwähnt zu werden, einschließlich der von dem Komiker Mel Brooks mit verfassten Sitcom *When Things Were Rotten* von 1975, in der sich der Sheriff von Nottingham in einer Sänfte mit Blaulicht in den Sherwood Forest tragen lässt. Nicht weniger interessant ist *Men in Tights* (1993, dt. *Männer in Strumpfhosen*) des gleichen Künstlers, der nicht nur schon im Titel das homoerotische Potenzial der Legende grell ausleuchtet, sondern es sogar zustande bringt, eine Parodie von Marlon Brandos Paten in den Robin-Hood-Stoff einzuschmuggeln.

Robin Hood begleitet die Geschichte des Kinos von Anfang an. Einige der ersten Stummfilme, die überhaupt in England gedreht wurden, waren Robin-Hood-Filme. In ganz großem Format aber tritt Robin erstmals dank Hollywood vor die Kamera, und zwar in dem opulenten Douglas-Fairbanks-Spektakel *Robin Hood* von 1922, bei dem Allan Dwan Regie führte. Dieser Stummfilm zeichnet ein eigentümlich unentschiedenes Bild des Mittelalters und der Robin-Hood-Figur. Grandiose Bauten und Massenszenen wechseln sich mit melodramatischen und intimen Momenten ab. Filmhistorisch gesehen, steht dieser Robin Hood mit seinen imposanten Architekturen und glänzend choreographierten Menschenaufläufen ganz in der Tradition der Monumentalfilme des frühen Hollywood, wie sie durch D. W. Griffith und Cecil B. deMille geprägt worden waren. Zugleich aber leistet sich der Film am Anfang eine interessante historische Reflexion. Er beginnt mit der Ansicht einer zerstörten und verfallenen Burg, die dann durch einen filmischen Trick in alter Pracht wiedererwebt. Damit wird, wie Stephen Knight hervorgehoben hat, die Macht Hollywoods gefeiert, das mittelalterliche England künstlich nach Amerika zu verfrachten. Aber es wird so auch eine bemerkenswerte historische Distanz geschaffen, die nicht unbedingt typisch für Robin-Hood-Filme ist. Dem Zuschauer wird eindrücklich gezeigt, dass es eine ferne Vergangenheit ist, in die er nun imaginativ eintauchen wird, und dass es vor allem die moderne Vorstellungskraft ist, die hier als historische Vermittlerin auftritt. Wer die Historie sprechen lassen will, muss zuerst die Phantasie bemühen.

Im Vergleich betrachtet, fällt die Handlung des Films aus dem Rahmen. Während fast alle späteren Robin-Hood-Filme stark auf die Welt der frühen Balladen zurückgreifen, gibt sich dieser betont aristokratisch. Über weite Strecken scheint er der Welt König Artus' näher als dem Sherwood Forest. In den Wald verschlägt es Robin überhaupt erst in der zweiten Hälfte des Films; vorher geht er ganz im ritterlichen Treiben des königlichen Hofes auf. Der Earl of Huntington (Douglas Fairbanks), ein angesehener Adliger im Dienste von Richard Löwenherz (Wallace Beery), gewinnt am Vortag des Kreuzzugs ein großes Turnier, obwohl sein Gegner, Guy of Guisborne, gegen die Regeln verstößt. Der König erhebt Robin zu seinem Heerführer und auf dem anschließenden Fest verliebt sich Robin in Marian (Enid Bennett), nachdem er sie vor den Zudringlichkeiten Prinz Johns bewahrt hat. Am nächsten Morgen rückt das Heer in Richtung Heiliges Land ab, und Prinz John beginnt sofort seine brutale, ausbeuterische Gewaltherrschaft in England. Robin erhält davon Nachricht und versucht, den König zu überreden, ihn nach England zurückkehren zu lassen, ohne allerdings seinem Herrscher den Grund für seinen Wunsch mitzuteilen. Guy of Guisborne lässt es so aussehen, als habe er Huntington beim Desertieren erwischt. Schwer verletzt wird Huntington eingesperrt, kann jedoch mit Hilfe seines Knappen, des späteren Little John, entfliehen. Er kehrt heimlich nach England zurück, wo er glauben muss, Lady Marian sei auf der Flucht vor Prinz John umgekommen. In Wirklichkeit hat sich diese jedoch als heimlicher Gast (nicht als Nonne!) in ein Kloster zurückgezogen. Huntington beginnt nun sein Leben als Gesetzloser und nennt sich Robin Hood. Er gibt den Armen wieder zurück, was der Sheriff ihnen zuvor genommen hat. Seine Aktivitäten gipfeln darin, die Stadt Nottingham zu erobern und von ihrem finsteren Sheriff zu befreien. Nachdem Richard Löwenherz einem Mordversuch Guisbornes nur durch Zufall entkommen ist, erkennt er die wahren Zusammenhänge, kehrt inkognito nach England zurück und schließt sich nach einem erfolgreich bestandenen Stockkampf gegen Friar Tuck der Gesetzlosenbande an. Prinz John kann währenddessen Marian aufspüren. Robin macht sich allein auf, um sie aus der königlichen Burg zu befreien. Er tötet Guisborne im Zweikampf und wird dank der listenreichen Erstürmung der königlichen Burg durch Richard und die Gesetzlosen gerettet. Der Film endet mit einem großen Fest. Prinz John wird aus dem Schloss gejagt, und Robin darf Marian heiraten.

Von allen bedeutenden Robin-Hood-Filmen ist dieser der märchenhafteste und kindlichste. Zwar wird die Ausbeutung des einfachen Volkes durch den Sheriff mit expressionistischer Düsterkeit dargestellt, doch zugleich erstrahlt das mittelalterliche England in einem geradezu feenartigen Glanz. Das beginnt schon mit Marians unendlich langem, vollem, gelocktem Blondhaar und setzt sich in den vielen, kaum motivierten Tanzszenen fort, bei denen die Gesetzlosen sich an den Händen fassen und in großen Kreisen drehen. Sie alle tragen hohe, spitze Hüte mit Fasanenfedern, die sie halb wie Elfen, halb wie Narren aussehen lassen. Robin selbst biegt sich ständig vor Lachen. Auch der aufbrausende, aber herzensgute Kraftprotz Richard Löwenherz bricht dauernd in Gelächter aus, wenn er nicht gerade beglückt von irgendeiner Speise abbeißt. Überhaupt gibt es viele Szenen, die offenbar komisch wirken sollen. So verpasst Robin beinahe den Aufbruch zum Kreuzzug, weil er mit Marian flirtet. Selbst sein tödlicher Zweikampf mit Guisborne wirkt eher grotesk als brutal, denn um dem Gegner das Genick brechen zu können, wickelt Robin ihn buchstäblich um eine Säule. Wenn der Held einmal nicht lacht, dann hüpft und springt er, wodurch der Film insgesamt etwas Circensisches bekommt. Robin erinnert an einen Trapezkünstler und Richard an einen altmodischen Zirkusathleten, der Eisenstangen verbiegt. Noch die melodramatischsten Momente werden von komischer Akrobatik überlagert: Kurz vor dem Höhepunkt des Films steckt Robin Marian einen Dolch zu, damit sie sich umbringen kann, falls ihr die Feinde zu nahe kommen sollten. Wiederholt greift Marian zum Dolch, wenn es so aussieht, als würde Robin im Kampf gegen eine gewaltige Übermacht unterliegen, doch immer wieder gelingt es ihm in letzter Sekunde, durch irgendein akrobatisches Bravourstück die Feinde zurückzudrängen und Marian am Suizid zu hindern. Das erstaunlichste, von der Kamera wiederholt in Szene gesetzte Bild aber bietet die Schar der Gesetzlosen, die in einer schier endlos wirkenden Reihe auf einem hohen Mauervorsprung im Schloss sitzen, die Beine fröhlich hin und her baumeln lassen, während sie gleichzeitig Pokale schwenken, obwohl der Kampf um das Schloss noch nicht zu Ende ist. Das Märchenhafte des Films, das durch das komisch-akrobatische Moment noch unterstrichen wird, trägt dazu bei, ihn, oberflächlich betrachtet, gänzlich zu entpolitisieren. Robin, der über jeden Zweifel erhabene Aristokrat, erweist sich nicht als Umverteiler, sondern allerhöchstens als Zurück-Verteiler. In erotischen Fragen ein naiver Bursche, dessen Gelächter auch eine Angst vor den Frauen verdrängt, verheimlicht Robin dem König die schlimmen Verhältnisse in der Heimat, damit dieser bloß nicht auf den Gedanken kommt, den Kreuzzug abzubrechen, um zu Hause nach dem Rechten zu sehen. Insofern ist Robin bereit, seinen eigenen Ruf zu opfern, um des Königs Abenteuer nicht zu gefährden. Selbst Prinz John erweist sich letztlich als unpolitische Figur. Er darf zwar hin und wieder finster in die Runde blicken, steht am Ende aber mit hängendem Kopf auf der anderen Seite des Burggrabens, während vor ihm die Zugbrücke hochgezogen wird. Nie wieder war ein Robin-Hood-Film so bemüht, jeden, aber auch wirklich jeden nur denkbaren politischen Bezug einfach hinwegzulachen oder -zutanzen. Selbst die klassischen Zweikampfszenen fehlen, in denen sich Robin mit zukünftigen Bandenmitgliedern messen muss. Sie werden auf Friar Tucks Stockkampf mit dem unerkannten König verschoben. Es soll offenbar nicht ansatzweise der Eindruck entstehen, als hätte Robin es nötig, seine Autorität irgendwie unter Beweis zu stellen. Der Anführer der Gesetzlosen wird fast ganz auf den karnevalesken Trickster reduziert, während allein Marian überraschend selbstbewusst und politisch aktiv sein darf. Sie ist es, die als Erste etwas gegen Prinz Johns Tyrannei unternimmt, und sie zeigt sich in der Lage, nicht nur zu fliehen, sondern durch eine geschickte Finte ihren Tod vorzutäuschen.

Nach dem Aufstieg der europäischen Faschismen und im Vorfeld des Zweiten Weltkriegs sah das schon ganz anders aus. Michael Curtiz' *The Adventures of Robin Hood* von 1938 schreibt der titelgebenden Figur zwar durchaus jugendlichen Übermut zu, reizt aber die erotischen wie die politischen Möglichkeiten seines Sujets voll aus. Die Handlung ist viel geschickter konstruiert als in dem älteren Film und dreht sich von Beginn an um Robins Rolle als Rebell. Robin (Errol Flynn), eigentlich ‹Sir Robert of Loxley›, gerät gleich zu Anfang mit der normannischen Obrigkeit in Konflikt, als er einen armen angelsächsischen Wilderer gegen die Willkür der Forstgesetze schützt. Anders als Douglas Fairbanks stolpert dieser Robin nicht teils gutmütig, teils widerwillig in seine Abenteuer hinein, sondern geht von Anfang an gezielt gegen seine Feinde vor. Er übernimmt den aktiven Part des Herausforderers, als er bei einem Bankett Prinz Johns erscheint, einen erlegten Hirsch auf die Tafel schleudert und sich dann keck dem Regenten gegenüber zu Tisch setzt, um sich lässig kippelnd im Stuhl zurückzulehnen.

Ein mit allen Wassern gewaschener Trickster, der verkleidet an einem Bogenschützenturnier teilnimmt oder heimlich in Lady Marians Zimmer klettert, ist Robin zudem eine Gestalt mit politischem Bewusstsein. Er hält nicht nur eine flammende Rede an seine Getreuen, in der er für Gerechtigkeit, Patriotismus und Königstreue eintritt, sondern richtet im Sherwood Forest ein gut organisiertes Lager für Verfolgte ein, in das sich Männer, Frauen und Kinder flüchten. Die Opfer des prinzlichen Regimes, die er unter seine Fittiche nimmt, sind auf ungewöhnlich realistische Weise gezeichnete Kreaturen, gebeugt und mit verhärmten Gesichtern, die in Dankbarkeit zu Robin aufsehen. Zwar gibt es zwischen Robin und seinen Schutzbefohlenen eine klare Hierarchie, aber bei aller paternalistischen Überlegenheit des Protagonisten wird doch eine grundsätzliche, patriotisch und sozialethisch motivierte Verbundenheit mit den Armen und Schwachen signalisiert. Diese Verbundenheit ist es, die Lady Marians anfänglich widerwillige erotische Faszination endgültig in Liebe zu Robin umschlagen lässt. Das gibt dem Film eine ungewöhnliche Note, denn es macht die Liebe auch zum Produkt politischer und ethischer Einsicht – eine Konstellation, die für den historischen Abenteuerfilm alles andere als typisch ist.

Die beiden Erzbösewichte unter den aristokratischen Normannen, deren Darstellung viele Beobachter an Nazis erinnert – Prinz John (Claude Rains) und Guy of Guisborne (Basil Rathbone) –, sind ganz und gar nicht die lächerlichen Figuren, als die sie uns 1922 noch entgegentraten. Beide zeichnen sich durch Intelligenz und Eleganz aus. Beide bekommen jedoch auch einen je spezifischen homoerotischen Anstrich, der sich bei Prinz John in effeminierter Dekadenz und boshaftem Scharfsinn äußert, während er bei Guy of Guisborne in unterdrückter Form als steife Angespanntheit zum Ausdruck kommt. Auf dem dramatischen Höhepunkt des Films, im Schwertkampf zwischen Robin und Guy, erweist sich Guy als glänzender Fechter, der dem Helden an Athletik und Akrobatik in nichts nachsteht, so dass es immer wieder zu Momenten höchster, intensiv erlebter körperlicher Nähe und Spannung zwischen den Gegnern kommt. Wir erinnern uns, dass Douglas Fairbanks den entsprechenden Moment in seinem Film ins geradezu Clowneske abbiegt.

Tatsächlich ist Michael Curtiz' Robin-Hood-Film von erotischen Motiven aller Art gesättigt. Gegenüber Lady Marian erweist sich Robin als Verkörperung schierer männlicher Sexualität, die unter voller Ausnutzung seiner eng anliegenden Beinkleider in Szene gesetzt wird. Seine erotische Annäherung an

Marian ist durchaus zudringlich und könnte in dieser Form heute nicht mehr dargestellt werden. In sexueller Hinsicht besteht die scheinbare Passivität der Protagonistin nur an der Oberfläche. So trägt sie in einer besonders wichtigen Szene ein silbernes, glänzendes und eng anliegendes Kleid, das ihre weibliche Figur mit aller Macht betont und im Halbdunkel leuchten lässt.

Auf diese Weise entsteht ein Robin Hood für Erwachsene, der sich in einem deutlich markierten Spannungsfeld aus Politik, Gewalt und Sexualität bewegt und soziale Gerechtigkeit betont, wenngleich er dies aus der Perspektive eines sozial Höhergestellten tut. Wurden die Normannen in diesem Film immer wieder mit Nazis verglichen, so hat man Robins Wohltätigkeit mit dem *New Deal* Präsident Franklin D. Roosevelts in Verbindung gebracht. Beide Interpretationen sind völlig plausibel. Es tritt jedoch aus amerikanischer Perspektive ein drittes Element hinzu, nämlich die Darstellung der normannischen Aristokraten als Fremdherrscher, die den freiheitlich-demokratischen Geist der angelsächsischen Nation unterdrücken. Dieser an sich britische Geschichtsmythos, der schon bei Sir Walter Scott so gut funktionierte, wird hier ohne Schwierigkeiten auf die amerikanischen Verhältnisse projiziert. Was für die Engländer vom 17. bis zum 19. Jahrhundert die historische Erinnerung an das ‹Normannische Joch› war, übersetzt sich für die Amerikaner des 20. in die Tyrannei der Engländer unter ‹King George› – wie ihn die Amerikaner ohne Angabe der Ordnungszahl nennen –, gegen die sich die Nation in ihrem Unabhängigkeitskampf 1775 erhob. Dieser Unabhängigkeitskrieg bildet das entscheidende Moment im klassischen Verständnis der nationalen Identitätsstiftung der USA. Kein Wunder also, dass die beiden wichtigsten Übeltäter in diesem Film mit Schauspielern besetzt wurden, deren Sprechweise und Habitus einen betont englischen und damit offenbar auch aristokratisch-hochnäsigen Eindruck machen. Diese Besetzungsstrategie war für Hollywood nach Einführung des Tonfilms über Jahrzehnte üblich und wurde immer wieder gerade dort angewendet, wo ein Film einen historischen Konflikt zwischen Tyrannen oder Fremdherrschern einerseits und Freiheitskämpfern andererseits in Szene setzte. Dem gleichen Muster folgte beispielsweise Stanley Kubricks *Spartacus* (1960). Wurden die wichtigsten Sklaven mit Amerikanern besetzt (Kirk Douglas, Tony Curtis), gingen die zentralen Römerfiguren alle an Engländer (Laurence Olivier, Charles Laughton, Peter Ustinov).

Die konventionelle Indienstnahme des historischen Abenteuersujets für das Motiv des amerikanischen Freiheitspathos bei Michael Curtiz' Robin-Hood-Film ist so beeindruckend, weil hier das nationale Freiheitspathos durch ein Konzept sozialer Verantwortung als patriotischer Pflicht ergänzt wird. Dies war tatsächlich die Folge des *New Deal* (ab 1933) von Präsident Roosevelt, dem die Produzenten des Films, die leibhaftigen Warner Brothers, politisch nahestanden. Im heutigen, extrem wirtschaftsliberalen Amerika, in dem schon eine bescheidene gesetzliche Krankenversicherung als sozialistisches Teufelszeug verdammt wird, wäre jedenfalls eine solche Botschaft, die Patriotismus mit Sozialpolitik koppelt, ja das eine aus dem anderen zwingend ableitet, im Mainstream der kommerziellen Unterhaltungskultur kaum mehr denkbar.

Die Robin-Hood-Verfilmung von 1938 sollte über Jahrzehnte hinweg das Bild Robins im kulturellen Bewusstsein der Welt bestimmen. Auch der Verfasser dieses Buches hat Robin Hood als Kind im Fernsehen als Erstes in der durch Errol Flynn verkörperten Gestalt erlebt. Zu diesem Film müssen sich bis heute alle Robin-Hood-Filme verhalten, an ihm müssen sie sich messen lassen, von ihm grenzen sie sich ab. Tatsächlich erwies sich dieser Film als so dominant, dass fast vierzig Jahre lang kein weiterer Robin-Hood-Film entstand, der eine ähnliche Ausstrahlung besaß oder gar versuchte, dem Robin-Hood-Mythos eine eigene Note zu geben. Und auch kein großer Star wagte sich mehr an die Rolle. Alle folgenden Filme und Fernsehserien, einschließlich des Zeichentrickfilms der Disney-Studios von 1973, blieben Variationen zum Thema Errol Flynn als Robin Hood. Das gilt selbst für eine italienische Produktion aus den 60er Jahren, *Robin Hood und die Piraten* (ital. *Robin Hood e i pirati*), deren Titel Cinecittàs zeitgenössische Freude am modischen

Genremix fast genauso schön zum Ausdruck bringt wie beispielsweise *Vampire gegen Herkules* (ital. *Ercole al centro della
terra*) von 1961.

Der linke Film-Robin

Der ästhetische und politische Befreiungsschlag gegen Flynns
übermächtigen Robin erfolgte erst im Jahre 1976 mit Richard
Lesters revisionistischem *Robin and Marian*. Dieser Film stellt
sein Anders-Sein schon dadurch aus, dass er Marian in den Titel
aufnimmt und damit auf den erstarkenden Feminismus reagiert.
Als Regisseur hatte sich Lester einen Namen mit experimentell-
unkonventionellen Beatles-Filmen gemacht, die dem England
der *Swinging Sixties* Ausdruck verliehen. Seine beiden Verfilmungen des Musketier-Stoffes von Alexandre Dumas père (*Die
Drei Musketiere*, 1973, und *Die Vier Musketiere*, 1974) hatten
jedoch bewiesen, dass er es auch verstand, kulturelle Mythen
gegen den Strich zu bürsten. Davon zeugt allein schon das
Fechttraining am Anfang von *Die Drei Musketiere*, bei dem ein
ebenso sportlicher wie schweißtriefender Michael York ein für
das frühe 17. Jahrhundert typisches Rapier schwingt. Diese
Waffe entspricht ganz und gar nicht dem tänzerisch geführten,
biegsam-leichten Florett, das nicht nur Hollywood den Muske-
tieren zuvor in die Hand zu drücken gewohnt war. Im Gegenteil, hier führt d'Artagnan eine schwere, harte Klinge, deren
Einsatz Kraft und Geschicklichkeit erfordert und dem Fechter
körperlich alles abverlangt.

  Damit hatte Lester einen Trend aufgegriffen, der in Histori-
enfilmen, und zwar besonders in Mittelalterfilmen, seit den
späten 1960er Jahren immer häufiger zu beobachten war: eine
Tendenz zur realistischen, zumindest oberflächlich um historische Korrektheit bemühten, unromantischen und schmutzver-
krusteten Darstellung einer in materieller und technologischer
Hinsicht primitiveren Vergangenheit. Eines der ersten Beispiele
ist Anthony Harveys *Löwe im Winter* von 1968, dessen männlicher Protagonist, Englands König Heinrich II. (1154–1189,
gespielt von Peter O'Toole), in einer Szene erst die Eisschicht

auf der Oberfläche seiner Waschschüssel durchbrechen muss, bevor er sich an seine ausgesprochen rudimentäre Körperpflege machen kann.

Diesem ganz auf den Anschein von Authentizität setzenden Mittelalter begegnen wir auch in Richard Lesters Film. Er zeigt uns einen Robin (Sean Connery), der nach zwanzig Jahren zusammen mit Little John (Nicol Williamson) desillusioniert aus dem Dienst für Richard Löwenherz zurückkehrt. Richard erscheint als narzisstischer Tyrann, der am Anfang des Films stirbt. In England herrscht inzwischen König John, der sich im Konflikt mit dem Papst befindet. Aus diesem Grund müssen die Behörden den gesamten höheren Klerus verhaften. Robin kommt dazu, als der Sheriff (Robert Shaw) Mutter Jennet (Audrey Hepburn) abholt. Sie ist die einstige Maid Marian, die inzwischen Äbtissin geworden ist. Robin, der im Wald einigen alten Getreuen begegnet ist, ‹rettet› Marian kurzerhand gegen ihren Willen, während der nicht minder desillusionierte Sheriff amüsiert zusieht. Marian weigert sich jedoch vorläufig, das Leben der Gesetzlosen wieder aufzunehmen, so dass Robin sie wieder ins Kloster zurückbringen muss. Doch der Sheriff hat inzwischen, um Robin in seine Burg zu locken, alle Nonnen verhaften lassen. Robin und Little John starten eine Befreiungsaktion, die für die beiden schon nicht mehr ganz taufrischen Kämpen nur deshalb glücklich ausgeht, weil die Männer des Sheriffs sich als geradezu grotesk inkompetent erweisen.

Robin nimmt Marian und die Nonnen mit in den Wald, wo die Gesetzlosen wie in alten Zeiten ein Lager aufschlagen und die einfachen Bauern ihnen zuströmen. Gleichzeitig wird der Sheriff gedrängt, etwas gegen Robin zu unternehmen. Sir Ranulf, der wichtigste Adlige der Gegend, lässt sich schließlich von König John Söldner schicken, und so muss der Sheriff widerwillig gegen Robin vorgehen. Man schlägt auf der großen Wiese vor dem Wald ein Lager auf und wartet ab. Tatsächlich verlässt Robin den sicheren Wald und bietet dem Sheriff auf der offenen Wiese einen Zweikampf an, den der Sheriff annimmt. Marian, die ihre Liebe zu Robin wiederentdeckt hat, weigert sich, dem sinnlosen Blutvergießen zuzusehen, und erklärt, dass sie Robin

verlassen werde. Der Zweikampf beginnt als ritterliches Ritual,
doch die vom fortgeschrittenen Alter gezeichneten Gegner liefern sich in der sengenden Hitze einen brutalen Kampf ohne
jede Eleganz und Akrobatik, bei dem sich der Sheriff als deutlich überlegen erweist und zwischendurch immer wieder versucht, Robin dazu zu bringen, von dem Duell abzulassen. In
einem solchen Moment, als der Sheriff in Anbetracht der Lächerlichkeit der Situation innehält, während der schwer ver-
letzte Robin am Boden liegt, kann sich Robin mit letzter Kraft
auf ihn stürzen und ihm das Schwert in den Leib rammen. Sofort gehen die Truppen Sir Ranulfs zum Angriff über, und Robins Anhänger werden niedergemetzelt. Marian, die zufällig
Zeugin des Duells geworden ist, gelingt es jedoch mit der Hilfe
Little Johns, Robin in ihr Kloster zu bringen. Während sich Robin auf dem Bett liegend seiner Heldentaten rühmt und Little
John draußen Wache hält, reicht die heilkundige Marian Robin
einen pokalartigen Becher. Nachdem Robin davon getrunken
hat, tut auch Marian einen kräftigen Zug. Robin bemerkt, dass
er seine Beine nicht mehr spüren kann, und begreift, dass Marian ihn und sich selbst vergiftet hat. Sie begründet dies mit ihrer Liebe zu Robin. Marian bringt ihre Gefühle in einer poetischen Abschiedsrede zum Ausdruck, die an den Sonnengesang
des heiligen Franziskus erinnert. Robin fügt sich in sein Schicksal, indem er erklärt, dass er nie wieder einen Tag wie diesen erleben werde. Dann sterben Marian und er.

Robin and Marian war kein Erfolg an der Kinokasse und ist
doch die ästhetisch, intellektuell und politisch kühnste filmische
Umsetzung der Robin-Hood-Legende, die je gedreht wurde. Zugleich ist er der Robin-Hood-Film, der sich am deutlichsten der
Frage stellt, was es eigentlich heißt, einen Mittelalterfilm zu drehen, und was es bedeutet, sich mit einer Legende auseinanderzu-
setzen. Einerseits bringt er das schon erwähnte schmutzige und
primitive Mittelalter auf die Leinwand, andererseits romantisiert er dieses scheinbar authentische Bild der Epoche mit deut-
lichen Anspielungen an die Welt der *Flower-Power-* und Hippie-
Generation. Blühende Lavendelfelder – der Film wurde in Spa-
nien gedreht, wodurch England deutlich trockener und heißer

wirkt, als man dies erwarten würde – und Kräuterbündel, die an der Wand hängen, suggerieren die Vorstellung von einem Mittelalter, in dem der Mensch noch im Einklang mit der Natur lebte. Ein solches Bild gewinnt Mitte der 1970er Jahre besondere Plausibilität aus der beginnenden Umweltschutzbewegung.

Seinen Pazifismus untermauert der Film mit Reminiszenzen an den Vietnamkrieg: Am Anfang erleben wir einen narzisstischen, zynischen, halb dem Wahnsinn verfallenen König Richard, der todessehnsüchtig von einem Gemetzel an Unschuldigen zum nächsten zu stolpern scheint, bis ihn endlich ein tödlicher Pfeil trifft. Die entsprechende Szene erinnert ästhetisch nicht nur durch ihre staubige Landschaft und unangenehme Musik an die Spaghetti-Western, deren Zeit gerade zu Ende gegangen war. Zugleich bewegen sich Robin und Little John immer am Rande des Lächerlichen, denn sie sind körperlich eigentlich nicht mehr in der Lage, den Helden zu geben, und schlagen sich ächzend und stöhnend nur gerade so durch.

Kein anderer Robin-Hood-Film reflektiert so intensiv das Problem, wie die Vergangenheit überliefert ist und welche Vorstellungen oder Bilder von ihr uns prägen. In der Szene, als Robin und Little John nach England zurückgekehrt sind und die Straße nach Nottingham entlangreiten, sieht man unter den Hufen ihrer Pferde die Steinplatten einer alten Römerstraße, während sich im Hintergrund ein frühmittelalterliches *high cross* oder *standing cross* erhebt, wie sie auf den ganzen Britischen Inseln und in Irland zu finden sind. Es besteht aus einer eckigen Steinsäule, an deren Spitze sich ein Kreuz befindet – oft ein keltisches Kreuz, bei dem der Kreuzungspunkt der Balken von einem Ring umschlossen wird. Robin und John sind auf der Straße nicht allein: Sie passieren eine Gruppe Blinder, die sich an einer Schnur festhalten und von einem kleinen Jungen mit einem Hund geführt werden. Die Szene erinnert an das Gemälde Pieter Breughels des Älteren *Der Blindensturz* von 1568, ein Bild, das zwar streng genommen nicht mehr mittelalterlich ist, aber auf Laien diesen Eindruck machen kann und, wie die Kunst Breughels generell, in populären Kontexten gern zur Illustration mittelalterlicher Lebensformen herangezogen wird.

Im Film werden archäologische Überreste (die Römerstraße), historische Artefakte (das *high cross*) und einprägsame vormoderne Ikonographien (die Bilderwelt Breughels) zu einem komplexen Gewebe geschichtlicher und ästhetischer Anspielungen verwoben. Dieses Gewebe zeigt uns dreierlei. Erstens erinnert es uns daran, dass die Welt Robins und Marians kein einfaches zeitloses ‹Damals› ist, sondern dass ihre Epoche selbst auf eine komplexe Schichtung historischer Erinnerungen zurückblickt, die die Landschaft prägen und die Gegenwart formen. Zweitens aber zeugen die archäologischen Artefakte davon, dass die Vergangenheit unwiederbringlich vorbei ist und, wie die Robin-Hood-Legende selbst, nur mittels oft zufällig überlieferter Reste vergegenwärtigt werden kann. Drittens macht der Verweis auf Breughel deutlich, dass wir die Vergangenheit in unserer Vorstellung stets mit Hilfe einer überlieferten Bildersprache wiederauferstehen lassen, die unsere Phantasie einerseits leitet und ihr andererseits Grenzen auferlegt. Der Zugriff auf die Vergangenheit ist nie direkt und unmittelbar, er ist immer geprägt von Stereotypen und Klischees, ohne die wir uns die Vergangenheit zwar gar nicht ausmalen könnten, die es uns aber auch unmöglich machen, jemals einen unbefangenen Blick auf sie zu werfen.

Diese Botschaft vertieft der Film noch, wenn er uns vorführt, wie Robin selbst der Faszination seiner legendenumwobenen Heldenrolle erliegt. Nachdem er im Wald zwei alten Gefährten begegnet ist, Will Scarlett und Friar Tuck, singen diese ihm die Lieder vor, die im Volk über Robin kursieren und von seinen Taten künden. Zuerst stellt Robin trocken fest, dass die in den Balladen geschilderten Abenteuer gar nicht stattgefunden hätten, und bittet darum, dass man ihm Dinge vorsinge, die wirklich passiert seien. Im Verlauf des Films wird jedoch immer deutlicher, wie Robin sich selbst als den legendären Helden wahrzunehmen beginnt, als den ihn die Lieder feiern und für den ihn die einfache Bevölkerung hält. Am Ende muss er untergehen, weil er dem romantischen Traum vom *outlaw* verfällt, obwohl er im Krieg eigentlich gelernt hatte, dass es in der realen Welt weder Heldentum noch Abenteuer geben kann. Daraus leitet der Film dann auch seine brillante Wendung am Schluss ab.

Wie in der *Gest* tritt hier eine Nonne als Verräterin auf, die Robin unter Vortäuschung medizinischer Hilfe ermordet. Aber natürlich ist auch alles ganz anders als in der *Gest*: Marian selbst ist die Nonne, und sie tötet Robin nicht aus Feindschaft, sondern aus Liebe. Ihre Tat stellt nicht die Hinterlist einer heuchlerischen Klerikerin dar, die durch einen Liebhaber gesteuert wird, sondern ist eine selbstbestimmte, ja emanzipierte Handlung, durch die eine Frau die Verantwortung für sich und ihren Geliebten übernimmt, weil sie im Unterschied zu ihm in der Lage ist, den Trug der Legende zu durchschauen. Aber gerade indem sie Robin tötet, rettet sie paradoxerweise ebendiese Legende. Robin stirbt, bevor die Lächerlichkeit seines Alt-Herren-Heldentums allzu offenbar wird. Er darf abtreten, bevor auch dem Letzten klar wird, dass in der Wirklichkeit für das lustige Räuberleben im Grünen Wald kein Platz mehr ist. Robin stirbt, aber die Legende lebt in den Balladen weiter, und diese können jetzt nicht mehr dadurch kompromittiert werden, dass ein alternder Robin versucht, seine fiktionale Heldenrolle in der Realität nachzuspielen.

Robin and Marian hatte bewiesen, dass es möglich war, sich über das dominierende Modell Errol Flynns hinwegzusetzen und die Legende im bewussten Rückgriff auf ihre mittelalterlichen Ursprünge kreativ weiterzuentwickeln. Kein Wunder also, dass ein knappes Jahrzehnt später eine englische Fernsehserie nicht minder kühn die Hand nach dem Bogen des Gesetzlosen ausstreckte: Richard Carpenters *Robin of Sherwood* (1984–1986). Schon im Hinblick auf die primär angesprochene Altersgruppe war die Serie innovativ. Auf den kindlich-märchenhaften Robin Hood (Douglas Fairbanks) und den Robin Hood für Erwachsene (Errol Flynn) folgte nun ein Robin Hood speziell für die Jugend. Dieser Robin tat sein Bestes, dem Gesetzlosen seine romantische Note zurückzugeben, ohne dabei jedoch die kritischen Aspekte zu leugnen, die Richard Lester an die Legende herangetragen hatte.

Michael Praed, der schlanke und charismatische Hauptdarsteller der ersten Staffel, besaß eine sensible und visionäre Ausstrahlung, die das Träumerische mit dem Tatendurstigen verband und ihn wie einen revolutionären Studentenführer erscheinen ließ. Schon Sean Connerys Robin war als Mann einfacher Herkunft charakterisiert worden und hatte so die jahrhundertelange Gentrifizierung der Legende abgeschüttelt. *Robin of Sherwood* folgte diesem Beispiel und machte seinen Robin zu einem eindeutigen sozialen Rebellen, der sich gegen die Ausbeutung durch die aristokratische Obrigkeit wendet. Auch seine jungen Gefährten folgen diesem Modell und verkörpern charakteristische Typen, die vom geknechteten *underdog* Much (Peter Llewellyn Williams) bis zum proletarischen Macho Will Scathlock (Ray Winstone) reichen. Das Format der Fernsehserie mit ihrer langen Reihe abgeschlossener Episoden machte es möglich, die Nebenfiguren deutlicher zu konturieren als in den Filmen. Zudem konnten in jeder neuen Folge zusätzliche Charaktere eingeführt werden, die neue Variationen des Konflikts mit der Obrigkeit auslösten oder neue Dynamiken innerhalb der Bande freisetzten. Insofern ist es kein Zufall, dass sich *Robin of Sherwood* auch strukturell noch stärker an die Balladentradition anlehnte, als man dies vom Film her schon gewohnt war.

Die Serie reagiert in vielerlei Weise auf zeitgenössische Kontexte, die sie durch geschickte Assoziationen miteinander verknüpft. Zunächst antwortet sie auf den Thatcherismus der 8oer Jahre und spielt dagegen gezielt das Ideal einer sozial bewegten, politisch aktiven Jugend aus. Der archaisierend-realistische Dreck, inzwischen zum Markenzeichen des ‹authentischen› Mittelalterfilms avanciert, betont hier auch den gegen das Establishment gerichteten, ins Mittelalter verlegten proletarischen Charakter der Figur. Zudem ist die Bande der Gesetzlosen längst nicht mehr so englisch, wie wir das insbesondere aus der Tradition des aristokratischen Robin Hood gewohnt sind und wie dies im Kontext des Konflikts Angelsachsen vs. Normannen unausweichlich war. Im Laufe der ersten Folge schließt sich ein arabisch wirkender Fremdling der Bande an, der seine besondere, beherrscht-elegante Kampfkunst – die eine gewisse zivilisatorische Überlegenheit andeutet – in den Dienst der Gesetzlosen stellt. Damit wird der in ethnischer und religiöser Hinsicht vielfältiger gewordenen britischen Gesellschaft Rechnung getragen.

Intensiv rekurrierte *Robin of Sherwood* zudem auf keltische Mythen und Traditionen, was die Serie in die Nähe der New-Age-Bewegung rückte, aber im spezifisch britischen Kontext der 80er Jahre auch sehr direkte politische Implikationen hatte: Schottland und Wales blieben gegen die Verlockungen des Thatcherismus weitgehend immun und bildeten Bastionen der Labour Party.

Schon die Musik der irischen Folk-Gruppe *Clannad* verleiht dem Soundtrack der Serie einen gleichermaßen keltischen wie esoterisch-psychedelischen Charakter. Magische Elemente spielen immer wieder eine zentrale Rolle. Zauberer und Hexen stellen mehrfach eine gefährliche Bedrohung dar, gegen die sich die Gruppe zur Wehr setzen muss. Little John beispielsweise begegnet uns zuerst als durch Magie entseelte Kampfmaschine, die aus den Händen eines Zauberers befreit werden muss. Diese Verbindung des Robin-Hood-Stoffes mit dem Magischen steht nicht zuletzt im Zeichen des rasanten Aufstiegs des Fantasy-Genres in den 70er Jahren. Seit Tolkien bediente sich diese Gattung großzügig aus der mittelalterlichen Tradition und prägte zugleich massiv das Mittelalterbild in der kommerziellen Populärkultur.

So überrascht es nicht, dass Robin selbst unter magischem Schutz steht. Zum Anführer der Gesetzlosen erwählt ihn die mythische Figur ‹Herne der Jäger› (‹Herne the Hunter›), ein im Halbdunkel des dichten Waldes auftretender Naturgeist, der eine menschliche Stimme und Gestalt hat, aber ein mächtiges Hirschgeweih auf dem Kopf trägt. Auf der Basis dieser übersinnlichen Legitimation wird Robins rebellisches Anliegen magisch überhöht. Es ist die Natur selbst, die durch ihre Geister den Kampf für soziale Gerechtigkeit in Gang setzt. Damit verbindet die Fernsehserie zwei alte Stränge der Robin-Hood-Tradition miteinander, deren Verhältnis zueinander nicht leicht zu klären war: die mythologischen Versatzstücke der *play-games* mit den politischen Elementen der Balladen. Hernes Eingreifen löst noch ein weiteres Problem, das die gesellschaftliche Re-Orientierung der Robin-Hood-Figur mit sich bringt. Als basisdemokratisch konturierter Held muss Robin seinen Männern gegenüber immer wieder seine Legitimation unter Beweis stellen. Dank Herne aber weiß zumindest der Zuschauer stets, dass Robins Führungsrolle gewissermaßen eine natürliche ist. Damit kann Robin gegenüber seinen Getreuen einen deutlicheren Vorrang beanspruchen als seine Vorläufer aus den Balladen. Aber dieser Vorrang bleibt insofern demokratisch, als dass Robin nicht wie in so vielen Robin-Hood-Varianten nach den Balladen aus einer höheren sozialen Schicht stammt. Schon von ihrer Struktur her ist diese Legitimationsstrategie sehr mittelalterlich: Ein politisches Spannungsmoment wird ins Magische oder Religiöse verlagert und damit entschärft.

Ein Zufall der Besetzungsgeschichte zeigt, wie wichtig diese zusätzliche, in doppelter Hinsicht alternative Art der Legitimation war. Der Hauptdarsteller der ersten Staffel, Michael Praed, erhielt ein Angebot aus Hollywood, um in der Seifenoper *Dynasty* (dt. *Der Denver-Clan*) mitzuwirken. Seine Rolle übernahm in der zweiten Staffel der Sohn Sean Connerys, Jason Connery. Dieser aber erhält eine andere soziale Herkunft, er wird als Sohn des Earl of Huntington eingeführt. Größer und athletischer als Michael Praed, entsprach er nicht dem Typus des sensiblen Studentenführers aus einfachen Verhältnissen. Die Produzenten und Drehbuchautoren der Serie waren klug genug, den Wechsel und auch die gesellschaftlich-politischen Probleme, die sich daran knüpften, bei den Hörnern zu packen – fast müsste man sagen: beim Geweih. Als nämlich der von Feinden seiner Familie verfolgte junge Adlige den Kontakt zu den Gesetzlosen aufnimmt, hat sich die Gruppe nach dem Verschwinden Robins längst zerstreut. Nicht zuletzt durch eine wilde Prügelei mit Will Scathlock, bei der der neue Robin nicht besonders erfolgreich abschneidet, muss er sich die Akzeptanz der Gesetzlosen erkämpfen, die ihm vor allem aber auch durch Hernes magische Erwählung bestätigt wird. Die Serie setzt sich hier mit den unterschiedlichen Strängen der Tradition auseinander. Das auf den ersten Blick konservativ erscheinende Unterfangen, den Earl-of-Huntington-Aspekt wiederzubeleben, wird so als ein problematisches dargestellt. Der neue Robin darf sich eben nicht automatisch an die Spitze der *outlaws* stellen. Dennoch muss man fragen, inwieweit diese Neujustierung nicht auch mit den veränderten politischen und sozialen Verhältnissen in Großbritannien zu tun hatte. Nach den frühen 80er Jahren hatte sich ein wirtschaftlicher Aufschwung eingestellt, und der britische Sieg im Falklandkrieg gegen Argentinien (1982) hatte das nationale Selbstbewusstsein gestärkt. Beides kam den Konservativen um Margaret Thatcher zugute. Zudem war der nordenglische Bergarbeiter-Streik, der von März 1984 bis März 1985 gedauert hatte, in der Öffentlichkeit überwiegend negativ dargestellt worden; und diese Tendenz nahm in seinem Verlauf sogar noch zu. Die Bergarbeiter und ihre gewerkschaftlichen Anführer um den ultralinken Arthur Scargill galten im öffentlichen Bewusstsein überwiegend nicht als Helden einer bedrohten sozialen Demokratie, sondern als rückwärtsgewandte Bewahrer unwirtschaftlicher Subventionsprivilegien, die nur einer Minderheit zugutekamen und die Mehrheit belasteten. Die Niederlage der Bergarbeiter, die die Gewerkschaften insgesamt entscheidend schwächte, bedeutete auch eine Niederlage der traditionellen englischen Arbeiterbewegung, an deren Erbe *Robin of Sherwood* bei allen keltischen Anleihen und New-Age-Referenzen bewusst anknüpfte. Mit Jason Connery und dem Wiederaufgreifen des Huntington-Themas rückte die Serie ihren Robin stärker in die Mitte des politischen Spektrums, ohne aber ihre grundlegende politische und ästhetische Stoßrichtung gänzlich aufzugeben.

Der späte Robin:
das Unbehagen an der Legende

Zuletzt sollen noch zwei große im Blockbuster-Format gedrehte Mainstream-Produktionen erwähnt werden, die uns zeigen, wie die Legende für ein breites Publikum weitergesponnen wurde. *Robin Hood – Prince of Thieves* erschien 1991 unter der Regie von Kevin Reynolds. Die Titelrolle spielte Kevin Costner, der sich so lässig und amerikanisch gibt, dass man das Gefühl hat, er kaue den ganzen Film hindurch Kaugummi. *Prince of Thieves* bemüht sich, einen modernisierten Robin Hood zu liefern, der

die Eigenschaften des Action-Helden mit einem gewissen Maß
an sozialer Verantwortung verknüpft. Costners demonstrative
Entspanntheit, die seine kämpferischen Fähigkeiten jedoch in
keiner Weise einschränkt, steht im bewussten Kontrast zu den
athletisch-akrobatischen Interpretationen der Rolle durch Fairbanks und Flynn. Dabei verzichtet Costners Robin auf das visio-
när-politische Element, das Michael Praed dem Gesetzlosen
einzuhauchen vermochte. Als Robin seinen Gefährten mit einer
Rede Mut zu machen versucht, appelliert er nicht so sehr an ihr
Gerechtigkeitsempfinden, an politische Prinzipien oder ihre soziale Identität. Stattdessen spricht er von Mut und Willenskraft
wie ein Football-Coach, der seine Mannschaft motivieren will.

Maid Marian ist mit Mary Elizabeth Mastrantonio selbstbewusst, ja kampfesmutig besetzt – in ihrer ersten Begegnung mit
Robin tritt sie mit einem Helm auf dem Kopf und daher uner-
kannt auf und zeigt sich als furchtlose Kämpferin. Dann gibt es
noch das Element des orientalischen Fremden, Azeem (Morgan
Freeman), der über technologische Fähigkeiten verfügt, die die
zivilisatorische Überlegenheit des Orients andeuten. Die Beset-
zung dieser Rolle mit einem schwarzen Amerikaner passt in ein
Hollywood-Stereotyp, das schwarzen Schauspielern immer wieder besonders kluge und gebildete Charaktere zuweist. Die tie-
fere Form der Weisheit, die den Schwarzen damit eingeräumt
wird, hat durchaus rassistische Untertöne, denn sie impliziert
eine vage Form von vorzivilisierter, ‹authentischer› Lebensform,
die ihre Wurzeln in Afrika hat und die den Weißen verschlossen
bleiben muss. Auf der anderen Seite bestätigt das Klischee des
gebildeten und kultivierten Schwarzen den Wert US-amerika-
nischer, sprich: weißer Elitekultur. Was auf den ersten Blick als
Symbol besonderer Toleranz daherkommt, trägt also durchaus
zwiespältige Züge.

Obwohl auch dieser Film sich zunächst in die inzwischen fast
unausweichlich gewordene Tradition des schmutzig-authen-
tischen Mittelalters zu stellen scheint, mildert er dieses ästhetische Konzept immer wieder ab. Bei genauerem Hinsehen erweisen sich die Interieurs stets als ein bisschen zu opulent, zu
dekorativ oder zu gemütlich oder als ein bisschen zu schauerlich

im Stile einer trockeneisdurchwehten Geisterbahn. Ebenso ist die Kleidung der Hauptfiguren immer ein wenig zu elegant oder zu pittoresk geraten.

Auch in Kevin Reynolds' Film kommt Magie vor, doch fehlt es ihr an der Komplexität, die sie in *Robin of Sherwood* besitzt. Sowohl der Sheriff als auch die ihn unterstützende böse Hexe werden karikierend überzeichnet und stehen für ein sehr allgemeines Böses, das ideologisch unspezifisch bleibt und eher grotesk als bedrohlich wirkt. Wenn der Sheriff und die Seinen wie der Ku-Klux-Klan auftreten, scheinen sie schlicht das universale Böse zu vertreten, denn eine speziell rassistische Agenda haben sie nicht.

Politisch nähert sich dieser Robin wieder an die Implikationen der Earl-of-Huntington-Tradition an. Er kehrt als Sohn eines Ritters aus dem Kreuzzug zurück, führt die Gesetzlosen daher als gesellschaftlich höher gestellte Person an und setzt sich aus der Position des aristokratischen Wohltäters heraus für die Armen ein. Eine interessante und in mancherlei Hinsicht Hollywood-typische Zutat stellt der Gesetzlose Will Scarlett (Christian Slater) dar. Er steht Robin feindselig gegenüber und gibt sich kurz vor dem dramatischen Höhepunkt als Halbbruder des Helden zu erkennen. Robin umarmt seinen frisch entdeckten Bruder, der Konflikt ist gelöst, und man kann nun gemeinsam Nottingham Castle stürmen. Robins Vater hatte, wie uns erklärt wird, nach dem Tod seiner Ehefrau eine Geliebte aus dem Volk, hatte die Schwangere jedoch wieder verstoßen, als der heranwachsende Robin diese Liebe kritisierte. Die soziale Distanz zwischen dem adligen Robin und seinen einfachen Gesetzlosen wird gleichsam über die Familienbande überbrückt. Die gemeinsame Herkunft erweist sich als wichtiger als die sozialen Unterschiede. Insofern wird das Schicksal der Geliebten niederer Herkunft in das Handlungsschema eines Pubertätsdramas überführt, in dem der um seine Mutter trauernde Heranwachsende nicht dulden will, dass sich sein Vater emotionalen Ersatz sucht. Ein gesellschaftlicher Hierarchiekonflikt wird familienpsychologisch neu motiviert und damit seines politischen Gewichts beraubt.

Am Ende des Films taucht auch noch der heimlich nach England zurückgekehrte Richard Löwenherz auf, der von Sean Connery mit gewohntem Augenzwinkern gespielt wird. Man kann in diesem Auftritt natürlich eine Verbeugung vor Connerys eigener Robin-Hood-Vergangenheit sehen. Allerdings unterstreicht die Szene auch, wie wenig es dem Costner-Film gelingt, seinem Robin jenseits einer oberflächlichen und nicht besonders gut konstruierten Abenteuerhandlung Sinn zu verleihen. Der Film dümpelt spannungslos vor sich hin, und der Auftritt Connerys bestätigt einmal mehr, dass sich *Prince of Thieves* wahllos aus der ganzen Tradition bedient, ohne diesen Anleihen ein kohärentes Gepräge geben zu können.

Deutlich anspruchsvoller gab sich fast zwanzig Jahre später der nächste große Versuch Hollywoods, sich der Robin-Hood-Legende zu bemächtigen: *Robin Hood* von 2010. Allerdings zeigt schon die langwierige Geschichte des Drehbuchs, wie schwierig es offenbar geworden ist, Robin Hood zu Beginn des 21. Jahrhunderts ein neues, in sich stimmiges Gesicht zu verleihen. Die originelle Idee der ursprünglichen Drehbuchautoren war es gewesen, den Sheriff von Nottingham ins Zentrum der Geschichte zu rücken. Nachdem allerdings Ridley Scott als Regisseur angeheuert hatte, begann Robin Schritt für Schritt mit dem Sheriff zu verschmelzen. Am Ende war der Sheriff auf eine winzig kleine Nebenfigur zurechtgestutzt worden und Robin wieder ganz der Alte. Auch dieser Film verlegt die Legende in die Zeit König Richards, der jedoch zu Beginn der Filmhandlung bei der Belagerung der Burg Chalus umkommt. Die Belagerung wird als packend schlammiges Massenspektakel mit imposanten Kriegsmaschinen und beeindruckenden Stunts inszeniert und steht so in scharfem Kontrast zu der entsprechenden Szene in *Robin and Marian*. König Richard zieht abends inkognito durch das Lager und fordert den Bogenschützen Robin Longstride – den späteren Robin Hood, gespielt von Russell Crowe – dazu auf, ihm die Wahrheit über die Kreuzzüge zu sagen. Robin erinnert den Herrscher und die Umstehenden an ein grauenvolles Massaker, bei dem Richards Heer auf Befehl des Königs eine große Menge muslimischer Zivilisten umbrachte –

und wird dafür gefangen gesetzt. Doch er kann sich mit seinen Gefährten befreien, als der König fällt. Robin kehrt nach England zurück und wird unwissentlich in ein komplexes Gespinst von Verrat verwickelt, das sich um den neuen, höchst narzisstischen und machtversessenen König John spinnt und darauf abzielt, ein französisches Heer ins Land zu lassen. Robin, der die Identität eines toten Ritters (Loxley) angenommen hat, wird von dessen Vater (Max von Sydow) und Witwe Marian (Cate Blanchett) dazu aufgefordert, diese Rolle weiterzuspielen, um das Familienerbe vor dem Zugriff des Sheriffs zu sichern. Robin spielt die Rolle gut und nähert sich nach anfänglicher Antipathie seiner neuen ‹Ehefrau› an. Als die Invasion der Franzosen droht und England wegen Prinz Johns Raffgier auf einen Bürgerkrieg zusteuert, erfährt Robin seine wahre Identität. Er ist der Sohn eines hingerichteten politischen Visionärs aus dem einfachen Volk, der die Grundrechte aller Engländer in einer Carta gesichert sehen wollte. Obwohl Robins Herkunft nicht publik gemacht wird, bringt Robin als Ritter Loxley ebendiesen Plan bei einer dramatischen Versammlung des englischen Adels mit Prinz John ein und kann so den drohenden Bürgerkrieg zwischen John und den Baronen des Nordens abwenden. Gemeinsam ziehen König und Adel gegen die Franzosen und besiegen sie bei ihrer Landung am Strand. Auch Marian kämpft an der Spitze einer Schar von Jugendlichen mit. Der König ist auf Robins Anteil am Triumph gegen die Franzosen eifersüchtig und verweigert seine Zustimmung zur Magna Carta. Robin und Marian ziehen sich zu den Kindern und Jugendlichen im Wald zurück, aus denen sie ihre Gesetzlosentruppe formen werden.

Die Handlung des Films ist einigermaßen wirr und unlogisch – man sieht ihm das mehrfach völlig umgeschriebene Drehbuch an. Dennoch schält sich eine interessante und sehr amerikanische Variante Robin Hoods heraus, die wir in dieser Form noch nicht erlebt haben. Der aus dem einfachen Volk stammende Robin übernimmt die politische Vision seines Vaters, einigt das Königreich und führt die zerstrittene Elite gegen die äußeren Feinde in die Schlacht. Der Adel erscheint als mehr oder weniger gutwillig, aber zu sinnvollem politischen Handeln

unfähig. Da obendrein der König verantwortungslos und inkompetent ist, muss ein Held aus dem Volk im entscheidenden
Moment die Führung übernehmen. Zudem verficht dieser Held
ein politisches Programm, dem zufolge der freie Mann vor den
Zugriffen – auch und besonders den steuerlichen – der Staatsge-
walt sicher sein soll. Der Plan einer Carta zeigt Robin als strukturell denkenden Verfassungstheoretiker. Da sein Plan scheitert,
muss Robin sich in den Wald zurückziehen und die Gesetzlosen
organisieren. Dies ist ein schillernder und politisch wider-
sprüchlicher Robin, der sowohl ‹linke› als auch ‹rechte› Züge
trägt. Obwohl Robin an der grundsätzlichen Macht- und Ver-
mögensstruktur im Land nicht rütteln will, erweisen sich die
nördlichen Barone ebenso wie König John und dessen Vorgänger Richard letztlich als so unfähig, dem Land eine gute Regierung zu geben, dass man als Zuschauer gar nicht anders kann,
als am System als solchem zu zweifeln. Robin schlüpft in die
Rolle einer charismatischen Führergestalt, widersteht aber
durch seinen Glauben an eine verfassungspolitische und rechts-
staatliche Lösung der autoritären Versuchung, die eine solche
Rolle birgt. Bei genauerem Hinsehen verkörpert Robin einen
sehr amerikanischen Heldentypus: den einfachen Mann aus der
Provinz, der das Herz auf dem rechten Fleck hat und über die
naturgegebene Fähigkeit verfügt, ‹leadership› im demokratischen Sinne auszuüben, ohne dabei aber das Gemeinwesen zu
gefährden. Weil er durch sein Eingreifen vorläufig nur die fremden Invasoren verjagt und damit das tyrannische Regime Prinz
Johns stärkt, hat Robins Gestalt einen latent tragischen Zug.
Daher ist es auch so wichtig, dass Robin mit der Tradition der
Magna Carta in Verbindung gebracht wird. In der Zukunft,
suggeriert der Film, wird sich sein Verfassungsprogramm durch-
setzen, das jedem Mann die nötige Freiheit sichert, durch selbständige Arbeit für seinen Lebensunterhalt zu sorgen. Damit
sind wir wieder beim Robin der Whig-Historiographie gelan-
det, nur dass der Kampf diesmal nicht den Normannen im In-
nern gilt, sondern den Franzosen von außen.

Die politischen Probleme dieser Figur finden ein Gegenstück
in der ästhetischen Unentschiedenheit des Films. Hatte Ridley

Scott zehn Jahre zuvor in *Gladiator*, in dem ebenfalls Russell Crowe die Hauptrolle spielte, brillante visuelle Lösungen für die mörderische Degeneration des römischen Imperiums gefunden, gibt es in *Robin Hood* keinerlei wirkmächtige Szenen, die den zentralen Konflikt versinnbildlichen. In dem älteren Film hatte Scott den Zuschauern die Brutalität des römischen Eroberungskrieges mit einer Schlachtszene vor Augen geführt, deren Ästhetik sich deutlich an die Schützengräben des Ersten Weltkriegs anlehnte. Mehr noch: Als der neue Kaiser Commodus triumphal nach Rom zurückkehrt, wird dies visuell den Einzügen Hitlers bei den Nürnberger Reichsparteitagen nachempfunden, wie man sie aus Leni Riefenstahls Filmen kennt. Eindrucksvoller hätte man den tyrannischen Schrecken des vom Cäsarenwahn geschüttelten Römischen Imperiums kaum ins Bild setzen können.

In *Robin Hood* läuft Scotts augenscheinliches Talent, die historische Szenerie visuell zu modernisieren, ins Leere. Als die Franzosen sich der englischen Küste mit Landungsbooten nähern, die denen vom D-Day nachempfunden sind, erkennt man zwar den filmischen Salut an Steven Spielbergs *Saving Private Ryan* (1998, dt. *Der Soldat James Ryan*) – handlungsintern macht es allerdings keinen Sinn, den hinterlistigen Franzosen die Optik der opfermutigen Alliierten von 1944 zu verleihen, die im Begriff sind, den europäischen Kontinent vom Nationalsozialismus zu befreien. Letztlich findet Ridley Scott für *Robin Hood* keine überzeugende Bildersprache, weil seine Konzeption der Figur nicht konsequent genug ist, weil er keine klare Vorstellung davon hat, welchen Robin er eigentlich haben will.

Schlussbemerkung

Ridley Scotts Robin-Hood-Film führt uns zum Ausgangsproblem dieses Buches zurück, nämlich zu den beiden wohl markantesten Eigenschaften der Robin-Hood-Legende. Diese Legende ist immer politisch, und sie ist immer widersprüchlich. Schon in den Balladen mit ihrem schillernden Konzept des *yeoman*, das auf gesellschaftliche Realitäten wie auf soziale Wunschträume anspielte, verknüpfte Robin stets ‹linke› und ‹rechte›, konservative und revolutionäre oder subversive Elemente. Von Anfang an erlebten wir aber auch, dass es gerade diese Widersprüche sind, die Robin interessant machen, und dass die soeben bei Ridley Scott vermisste Konsequenz nicht heißt, dass man die Widersprüche unterdrücken soll. Die erfolgreichsten Robin-Hood-Interpretationen haben die Widersprüchlichkeit der Figur stets produktiv genutzt. Das kann zu den unterschiedlichsten Ergebnissen führen, von der *Gest* über *Gamelyn*, von Shakespeare über Sir Walter Scott bis hin zu den Verfilmungen. Dabei lassen sich die Widersprüche der Legende nicht einfach auf ein Raster von konservativ vs. revolutionär oder affirmativ vs. subversiv reduzieren. Ein weiteres Spannungsfeld, das sich durch die Geschichte der Legende zieht, entsteht zwischen mythologischen und politisch-sozialen Ausdeutungen der Figur. Und selbst aus der Frage, für welche Altersstufen der jeweilige Robin speziell aufbereitet wird – ein Thema, das hier leider nur gestreift werden konnte –, kann ungeahntes Konfliktpotenzial entspringen.

Gerade weil die Spannungsmomente so vielfältig sind, konnte Robin über die Jahrhunderte immer wieder anders gedeutet und mit neuen Elementen angereichert werden. Doch es ist den neuen Elementen nie gelungen, die Figur völlig zu dominieren. Immer wieder griffen die Neuinterpretationen der Legende auf deren eigene Geschichte zurück, sei es in der Literatur, im Film oder im Fernsehen. So manches populäre Produkt der Unterhaltungsindustrie des 20. Jahrhunderts brachte es fertig, Brücken zwischen Bestandteilen der Legende sichtbar zu machen, die selbst im Mittelalter nur undeutlich erkennbar waren; so etwa die zwischen der keltischen Mythologie und der sozialen Rebellion in der Fernsehserie *Robin of Sherwood*.

Alles spricht also dafür, dass die Tradition lebendig ist und es auch bleiben wird, weil es den modernen Interpretationen immer wieder gelungen ist, in einen Dialog mit dem Mittelalter zu treten.

Danksagung

Ich hatte das Glück, dass ich beim Schreiben dieses Buches viel Unterstützung erfuhr. Allen, die mir geholfen oder mich ermutigt haben, möchte ich hiermit herzlich danken. Aus Platzgründen kann ich nur die nennen, die besonders intensiv in den Prozess eingebunden waren.

Meine akademischen und studentischen Mitarbeiter(innen) haben mich mit Sorgfalt, Engagement und kritischer Intelligenz unterstützt: Martin Bleisteiner, Sven Duncan Durie, Elisabeth Kempf, Margitta Rouse, Svenja-Stephanie Stielike und Kai Wiegandt.

Klaus Dietz verdanke ich zahlreiche Anregungen und wertvollen sprachwissenschaftlichen Rat. Der Austausch mit Judith Klinger erwies sich wieder einmal als ungemein fruchtbar.

Ute Berns, Ulrike Herrmann und Dirk Naguschewski haben mit ihrem analytischen Scharfsinn, ihrer sprachlichen Sensibilität und stilistischen Kompetenz unschätzbare Kritik geleistet.

James und Irene Johnston haben das Manuskript mehrfach gelesen und den Schreibprozess von Anfang bis Ende begleitet.

Weiterführende Literatur

Adolf, H.: Robin Hood, in: Mittelalter im Film, hg. von C. Kiening u. H. Adolf, Berlin/New York, 105–134.

Bachtin, M.: Rabelais und seine Welt: Volkskultur als Gegenkultur, Berlin 1995.

Carpenter, K. (Hg.): Robin Hood: die vielen Gesichter des edlen Räubers/ The Many Faces of that Celebrated English Outlaw, Oldenburg 1995.

Dobson, R. B.: The Legend since the Middle Ages, in: Robin Hood: An Anthology of Scholarship and Criticism, hg. von S. Knight, Cambridge 1999, 155–186.

Dobson, R. B. u. J. Taylor: Rymes of Robin Hood: An Introduction to the English Outlaw, London 1989.

Green, R. F.: A Crisis of Truth: Literature and Law in Ricardian England, Philadelphia 1999.

Hahn, T.: Robin Hood in Popular Culture, Cambridge 2000.

Hicks, M.: Bastard Feudalism, London 1995.

Hilton, R.: Bondmen Made Free: Medieval Peasant Movements and the English Rising of 1381, London 1973.

Hobsbawm, E.: Bandits, London 2000.

Holt, J. C.: Robin Hood, London 1989.

Keegan, J.: The Face of Battle, Harmondsworth 1976.

Keen, M.: English Society in the Later Middle Ages 1348–1500, Harmondsworth 1990.

Keen, M.: The Outlaws of Medieval England, London 2000.

Johnston, A. J.: Wrestling in the Moonlight: The Politics of Masculinity in the Middle English Popular Romance Gamelyn, in: Constructions of Masculinity in British Literature from the Middle Ages to the Present, hg. von S. Horlacher, New York 2011, 51–67.

Jones, T. S.: Outlawry in Medieval Literature, New York 2010.

Justice, S.: Writing and Rebellion: England in 1381, Berkeley, CA, 1994.

Knight, S.: Robin Hood: A Complete Study of the English Outlaw, Oxford 1994.

Knight, S.: Robin Hood: A mythic biography, Ithaca 2003.

Knight, S. (Hg.): Robin Hood: An Anthology of Scholarship and Criticism, Cambridge 1999.

Knight, S. (Hg.): Robin Hood in Greenwood Stood: Alterity and Context in the English Outlaw Tradition, Turnhout 2011.

Knight, S. u. T. Ohlgren (Hg.): Robin Hood and Other Outlaw Tales, Kalamazoo 2000.

Ohlgren, T.: Robin Hood: The Early Poems, 1465–1560: Texts, Contexts, and Ideology, Newark 2007.

Richmond, C.: An Outlaw and some Peasants: The Possible Significance of Robin Hood, in: Robin Hood: An Anthology of Scholarship and Criticism, hg. von S. Knight, Cambridge 1999, 363–378.

Rigby, S. H.: English Society in the Later Middle Ages: Class, Status and Gender, Houndmills/Basingstoke 1995.

Sedgwick, E. K.: Between Men: English Literature and Male Homosocial Desire, New York 1985.

Shippey, T.: *The Tale of Gamelyn*: Classwarfare and the Embarrassment of Genre, in: The Spirit of Popular Medieval English Romance, hg. von A. Putter u. J. Gilbert, Harlow 2000, 78–96.

Woods, W. F.: Authenticating Realism in Medieval Film, in: The Medieval Hero on Screen: Representations from Beowulf to Buffy, hg. von M. W. Driver u. S. Ray, Jefferson, NC 2004, 38–51.

Filmografie

Robin Hood and His Merry Men, P. Stow (Regie), Clarendon Films, 1908.

Robin Hood, É. Arnaud u. H. Blaché (Regie), Éclair American, 1912.

Robin Hood Outlawed, C. Raymond (Regie), British and Colonial Kinematograph Company, 1912.

In the Days of Robin Hood, F. Thornton (Regie), Natural Colour Kinematograph, 1913.

Ivanhoe, H. Brenon (Regie), Independent Moving Pictures, 1913.

Robin Hood, T. Marston (Regie), Thanhouser, 1913.

Robin Hood, A. Dwan (Regie), United Artists, 1922.

Robin Hood Jr., C. Bricker (Regie), East Coast Productions, 1923.

Robin Hood no yume, B. Kanamori (Regie), Toa Kinema, 1924.

The Merry Men of Sherwood, W. Newman (Regie), Delta Pictures, 1932.

Robin Hood, F. Moser (Regie), Terrytoons, 1933. (**Animation**)

Robin Hood, Jr., U. Iwerks (Regie), Celebrity Productions, Inc. u. Metro-Goldwyn-Mayer, 1934. (**Animation**)

Robin Hood Rides Again, G. Stallings (Regie), Van Beuren Studios, 1934. (Robin Hood wieder unterwegs) (**Animation**)

Robin Hood, J. Batchelor (Regie), Metro-Goldwyn-Mayer British Studios, 1935. (**Animation**)

An Arrow Escape, M. Davis u. G. Gordon (Regie), Terrytoons, 1936. (**Animation**)

The Adventures of Robin Hood, M. Curtiz u. W. Keighley (Regie), Warner Bros., 1938. (Robin Hood, König der Vagabunden)

Robin Hood Makes Good, C. Jones (Regie), Warner Bros., 1939. (**Animation**)

The Bandit of Sherwood Forest, G. Sherman u. H. Levin (Regie), Columbia, 1946. (Der Bandit und die Königin)

Robin Hood-Winked, S. Kneitel (Regie), Famous Studios/Paramount Pictures, 1948. (**Animation**)

The Prince of Thieves, H. Bretherton (Regie), Columbia, 1948. (Robin Hoods große Liebe)

Rabbit Hood, C. Jones (Regie), Warner Bros., 1949. (**Animation**)

Rogues of Sherwood Forest, G. Douglas (Regie), Columbia, 1950. (Robin Hoods Vergeltung)

Tales of Robin Hood, J. Tinling (Regie), Lippert Pictures, 1951.

Ivanhoe, R. Thorpe (Regie), Metro-Goldwyn-Mayer, 1952.

The Story of Robin Hood and His Merrie Men, K. Annakin (Regie), RKO Radio Pictures u. Walt Disney Productions, 1952. (Robin Hood und seine tollkühnen Gesellen)

The Men of Sherwood Forest, V. Guest (Regie), Hammer Films, 1954. (Robin Hood, der rote Rächer)

Robin Hood Daffy, C. Jones (Regie), Warner Bros., 1958. (**Animation**)

Son of Robin Hood, G. Sherman (Regie), Argo Film Productions, 1958.

Robin Hood e i pirati, G. Simonelli (Regie), FICIT, 1960. (Robin Hood und die Piraten)

Sword of Sherwood Forest, T. Fisher (Regie), Columbia, 1960. (Das Schwert des Robin Hood)

Il trionfo di Robin Hood, U. Lenzi (Regie), Triglav Film, 1962. (Robin Hood – Der Löwe von Sherwood)

Koko Meets Robin Hood, Hal Seeger (Regie), Seven Arts Associated, 1962. (**Animation**)

Robin Hood en zijn schelmen, H. van der Linden (Regie), Rex Filmproductie, 1962.

Mr. Magoo in Sherwood Forest, A. Levitow (Regie), Paramount, 1964. (**Animation**)

Robin and the 7 Hoods, G. Douglas (Regie), P-C Productions, 1964. (Sieben gegen Chicago)

Robin Hood, der edle Räuber, H. Käutner (Regie), Bertelsmann Fernseh-Produktion, 1966.

A Challenge for Robin Hood, C. Pennington-Richards (Regie), Hammer Films, 1967. (Robin Hood, der Freiheitsheld)

The Ribald Tales of Robin Hood, R. Kanter u. E. Dietrich (Regie), Mondo Films, 1969. (Robin Hood und seine lüsternen Mädchen)

Wolfshead: The Legend of Robin Hood, J. Hough (Regie), Hammer Films, 1969.

Il Magnifico Robin Hood, R. Bianchi Montero (Regie), Marco Claudio Cinematografica, 1970. (Robin Hood – Der Befreier)

Robin Hood, l'invincibile arciere, J. Merino (Regie), Cinematografica Lombarda, 1970.

Una spada per Brando, A. Caltabiano (Regie), Regalfilm, 1970. (Robin Hood und die Dämonen des Satans)

L'Arciere di fuoco, G. Ferroni (Regie), Oceania Produzione, 1971. (Der feurige Pfeil der Rache)

The Legend of Robin Hood, Z. Janjic, (Regie), CBS, 1971. (**Animation**)

Up the Chastity Belt, B. Kellett (Regie), Associated London Films, 1971.

El Pequeño Robin Hood, R. Cardona (Regie), ICAIC, 1973.

Robin Hood, W. Reitherman (Regie), Walt Disney Productions, 1973. (**Animation**)

Robin Hood ja hänen iloiset vekkulinsa Sherwoodin pusikoissa, I. Pilkama (Regie), Spede Yhtiöt, 1974.

Robin Hood, O Trapalhão da Floresta, J.B. Tanko (Regie), Atlântida Cinematográfica, 1974.

Robin Hood Junior, M. McCarthy u. J. Black (Regie), Brocket Productions, 1975.

Robin Hood nunca muere, F. Bellmunt (Regie), Profilmes, 1975.

Robin and Marian, R. Lester (Regie), Columbia, 1976. (Robin und Marian)

Robin Hood, Frecce, Fagioli e Karate, T. Ricci (Regie), Scale Film-Panorama Arco Film, 1977.

Strely Robin Guda, S. Tarasov (Regie), Riga Film Studio, 1977. (Die Pfeile des Robin Hood)

Time Bandits, T. Gilliam (Regie), Handmade Films, 1981.

Ivanhoe, D. Camfield (Regie), Columbia, 1982.

Robin Hood and the Sorcerer, I. Sharp (Regie), Goldcrest Films and Television Productions, 1984.

The Zany Adventures of Robin Hood, R. Austin (Regie), Charles Fries Productions, 1984. (Die verrückten Abenteuer des Robin Hood)

The Adventures of Robin Hood, E. Graham (Regie), Burbank Films, 1985. (**Animation**)

Robin Hood: The Movie, D. Birt u. T. Fisher (Regie), Associated Images, 1991.

Robin Hood, J. Irvin (Regie), 20th Century-Fox, 1991. (Robin Hood – Ein Leben für Richard Löwenherz)

Robin Hood: Prince of Thieves, K. Reynolds (Regie), Warner Bros., 1991. (Robin Hood –König der Diebe)

Robin Hood: Men in Tights, M. Brooks (Regie), 20th Century-Fox, 1993. (Robin Hood – Helden in Strumpfhosen)

Robin Hood: Quest for the Crown, P. Seabourne (Regie), Associated Images, 1995.

Robin Hood: Thief of Wives, J. D'Amato (Regie), Capital Film, 1996.

Robin of Locksley, M. Kennedy (Regie), Showtime Networks, 1996. (Robin räumt ab)

Robin Hood, M. Martinez (Regie), Scythe Productions, 1998.

Virgins of Sherwood Forest, C. Richards (Regie), Surrender Cinema, 2000.

Princess of Thieves, P. Hewitt (Regie), Walt Disney Productions, 2001.

Shrek, A. Adamson u. V. Jenson (Regie), Dreamworks, 2001. (**Animation**)

Drei für Robin Hood, E. Haffner u. T. Krappweis (Regie), KIKA, 2003.

Robin Hood: Prince of Sherwood Forest, J. Hunter (Regie), JWH III Productions, 2008.

Beyond Sherwood Forest, P. DeLuise (Regie), Syfy, 2009.

Robin Hood, R. Scott (Regie), Universal Pictures, 2010.

Robin Hood, O. Sommer (Regie), AVA Studios, 2011.

Robin Hood: Ghosts of Sherwood, O. Krekel (Regie), DigiDreams Studios, 2012. (**Animation**)

Tom and Jerry: Robin Hood and his Merry Mouse, S. Brandt u. T. Cervone (Regie), Warner Bros., 2012. (**Animation**)

TV-Serien

Robin Hood, J. Harington (Regie), BBC, 1953.

The Adventures of Robin Hood, B. Knowles, L. Anderson, T. Fisher u. R. Smart (Regie), Sapphire Films, 1955–1958.

Robin Hood, J. Silvestre (Regie), TV Tupi, 1956.

Rocket Robin Hood, R. Bakshi u. G. Simmons (Regie), Trillium Productions, 1966–69. (**Animation**)

The Legend of Robin Hood, A. Handley (Regie), NBC, 1968.

The Legend of Robin Hood, E. Davidson (Regie), BBC, 1975.

When Things Were Rotten, J. Paris u. M. Feldman (Regie), ABC, 1975. (Robi Robi Robin Hood)

Robin Hood, T. Evans (Regie), CBC, 1982.

The Adventures of Young Robin Hood, versch. Regisseure, BBC, 1983. (**Animation**)

Robin of Sherwood, I. Sharp (Regie), HTV 1984–86.

Maid Marian and her Merry Men, D. Bell (Regie), BBC, 1989–94.

Robin Hood no daibôken, K. Mashimo (Regie), NHK, 1991. (**Animation**)

Young Robin Hood, B. Freimovitz u. P. Sander (Regie), CINAR, 1991. (**Animation**)

Ivanhoe, St. Orme (Regie) BBC-A&E, 1997.

The New Adventures of Robin Hood, versch. Regisseure, Baltic Ventures International, 1997–99.

Back to Sherwood, R. Cantin u. R. Gibbons (Regie), CBC, 1999.

Blackadder Back and Forth, P. Weiland (Regie), BBC, 1999.

Robin Hood, versch. Regisseure, BBC, 2006.

Personenregister